현직
소프트웨어
개발자들을
통해 알아보는
리얼 직업
이야기

소프트웨어개발자
어떻게

How did they become
software developers?

되었을까?

CampusMentor
캠퍼스멘토

"꿈을 주신
소프트웨어
개발자들을
소개합니다
"

소프트스퀘어드
이하늘, 정우현 개발자

소프트스퀘어드 CEO 이하늘 개발자

- 현) 소프트스퀘어드 대표
- 이화여자대학교 젠더법학연구소
  프로젝트 자문위원 활동
- 유튜브 '컴공선배'채널 설립 및 크리에이터 활동
- ㈜군건 공동 설립, 최고기술책임자
- ㈜마스컴퍼니 안드로이드 프리랜서 개발자
- ㈜와이랩스 서버 프리랜서 개발자
- SW 마에스트로 8기 수료
- 소프트스퀘어드 설립
- ㈜ 팀노바 파트장 역임
- 인하대학교 컴퓨터공학과 졸업

크립텍트 CEO
노현서 개발자

- 현) Cryptect 대표이사
- Zepetto Co. 본부장
- Zepetto Co. Lead Engineer
- Zepetto Co. Client Engineer
- 삼성SDS Software Engineer
- 울산공업고등학교 졸업
- 지역 공동 영재학교 수석 졸업

소프트스퀘어드 CTO 정우현 개발자

- 현) 소프트스퀘어드 CTO
- 현) 유튜브 '컴공선배' 운영
- SW 마에스트로 멘토
  (과학기술정보통신장관 임명)
- 소프트스퀘어드 공동창업
- ㈜미미박스 Tech Platform - Server Developer
- ㈜EMPO Project Manager & Application Developer
- ㈜군건 월뱅크 Android, Server 개발
- SW 마에스트로 8기 수료
- 심간표(심플시간표) Android, iOS 출시
- ㈜넥솔시스템 IT 산업체 복무 요원
- 가천대학교 컴퓨터공학과 졸업
- 권선고등학교 졸업

웹 프론트엔드 개발자
노우현 개발자

- 현) Presto Labs, Software Engineer
- 구름에듀, HTML & CSS는 재밌다 온라인 강의 런칭
- 김버그 유튜브 채널 개설
- BoostIO, UX Developer
- Revisolution PBC, UX Developer
- 멋쟁이 사자처럼 프론트엔드 개발자 및 강사
- 서강대학교 아트&테크놀러지학(Art&Technology) 졸업
- 부산국제외국어고등학교 영/중국어과 졸업

애플리케이션 개발자
김승율 개발자

- 현) IOS개발자
- IOS 개발 입문
- 남양공업 품질보증팀 계장
- 경기대학교 재료공학과 졸업
- 광명고등학교 졸업

네모시스 솔루션개발팀 팀장
권정윤 개발자

- 현)네모시스 솔루션개발팀 팀장
- CSPI SI개발팀 사원
- 동국대학교 정보산업학부-컴퓨터공학과 졸업
- 금천고등학교 졸업

웹 개발자
장봉균 개발자

- 엠로 프로젝트 수행
- 한국투자증권 홈페이지 접근성 인증마크획득 프로젝트
- 전북대 통합정보시스템 차세대 프로젝트
- 2018. 웹 개발 입문
- 경기대학교 졸업
- 한광고등학교 졸업

이 책의 구성

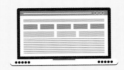

Chapter 2

소프트웨어개발자의 생생 경험담

Chapter 3

예비 소프트웨어개발자 아카데미

CHAPTER

|1|

소프트웨어개발자,

어떻게
되었을까
?

소프트웨어개발자란?

—

소프트웨어개발자는

컴퓨터시스템의 동작, 제어, 관리와 관련된
소프트웨어나 각종 응용분야의 소프트웨어를
설계하고 개발하는 자이다.

소프트웨어개발자는 크게 시스템소프트웨어 개발을 담당하는 **시스템소프트웨어개발자**와 응용
소프트웨어 개발을 담당하는 **응용소프트웨어개발자**로 구분한다. 시스템소프트웨어 개발자는 컴
퓨터의 동작 및 컴퓨터 활동의 조정, 통제, 관리와 관련된 프로그램을 개발하고, 응용소프트웨어
개발자는 컴퓨터 내의 다양한 응용 분야와 관련된 프로그램을 개발한다.

출처: 워크넷

소프트웨어개발자가 하는 일

출처: 워크넷

1 시스템소프트웨어개발자가 하는 일

- 유닉스(Unix), 리눅스(Linux), 윈도우(windows) 등과 같은 컴퓨터시스템의 운영체제를 설계하고 개발한다.
- FORTRAN, C, C++, JAVA 등과 같은 컴퓨터 프로그램 언어의 번역 프로그램을 설계하고 개발한다.
- 델파이(Delphi), 파워빌더(PowerBuilder) 등과 같은 응용소프트웨어 개발도구를 설계하고 개발한다.
- 네트워크시스템에서 운영되는 네트워크 프로토콜 처리에 관련된 소프트웨어를 설계하고 개발한다.
- 정보보호에 필요한 방화벽, 인증·인가 관련 소프트웨어를 설계하고 개발한다.
- 각종 산업용 제어시스템에서 운영되는 산업 설비의 제어, 모니터링 및 관리용 유틸리티 소프트웨어를 설계하고 개발한다.
- 컴퓨터시스템의 각종 주변 장치의 제어 및 인터페이스에 관련된 소프트웨어를 설계하고 개발한다.
- 컴퓨터시스템에서 운용되는 각종 유틸리티 소프트웨어를 설계하고 개발한다.
- 운영체제를 해당 컴퓨터 하드웨어 시스템에 이식시키고 기능과 성능을 종합적으로 평가한다.
- 개발된 시스템소프트웨어에 대한 단계별 과정을 기록하고, 사용자의 교육과 기술 자문에 응한다.
- 지속적으로 컴퓨터의 하드웨어 및 소프트웨어에 대한 새로운 기술을 연구한다.

2 응용소프트웨어개발자가 하는 일

- 응용소프트웨어의 개발 범위와 목표를 설정한다.
- 소프트웨어를 개발·완성시키기 위한 전체적인 개발 계획과 자원 조달 계획을 편성한다.
- 응용시스템에 대한 정보보호의 방법과 계획을 설정한다.
- 소프트웨어의 세부적인 기능 및 사양에 관한 상세 설계를 한다.
- 상세 설계에 따라서 단위 프로그램을 개발하고, 개발된 여러 프로그램들을 모아서 응용시스템으로 결합시킨다.
- 해당 컴퓨터시스템에 개발된 프로그램을 설치하고 기능 및 성능을 종합적으로 평가·분석한다.
- 패키지성의 개발 소프트웨어에 대해서는 체계적인 버전관리를 한다.
- 테스트를 통해 버그를 수정한다.
- 응용소프트웨어에 대한 사용자의 운영 교육과 기술을 지원한다.

소프트웨어란?

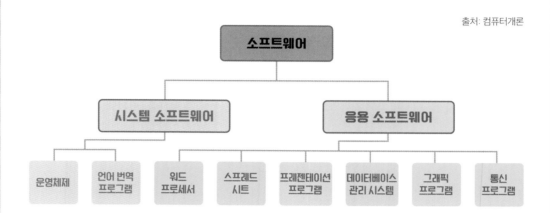

출처: 컴퓨터개론

 소프트웨어는 컴퓨터를 작동시키거나 이용하기 위한 모든 프로그램과 기술을 의미하며, 컴퓨터를 관리하는 **시스템 소프트웨어**와 문제해결에 이용되는 **응용 소프트웨어**가 있다.

시스템 소프트웨어(System Software)

 컴퓨터를 작동시키고, 컴퓨터 시스템의 구성요소들을 조정하며, 응용프로그램을 개발하고 사용하게 한다.

시스템 소프트웨어의 종류

운영체제

 하드웨어 자원을 관리하면서 또 다른 시스템소프트웨어와 응용소프트웨어의 실행에 도움을 제공하며, 사용자와 하드웨어 사이에서 중재자 역할을 수행한다. 대표적인 운영체제로 Window, Unix, Linux, MS-DOS 등이 있다.

언어 번역 프로그램

프로그래머가 작성한 프로그램을 **컴퓨터가 이해할 수 있는 형식으로 번역**하는 역할을 한다. 어셈블러, 컴파일러, 인터프리터, C언어, 베이식 등으로 구분할 수 있다.

응용 소프트웨어(Application Software)

특정 업무 해결을 목적으로 개발된 소프트웨어로 종류가 매우 다양하다.

응용 소프트웨어의 종류

워드프로세서

문서의 작성, 편집, 인쇄 등의 기능을 수행하는 프로그램으로, 한글, 워드 등이 있다.

스프레드시트

수식을 쉽게 계산해주고 통계 처리 등의 기능을 수행하는 프로그램으로, 엑셀이 대표적이다.

그래픽 프로그램

원하는 그림을 그리거나 만들어진 이미지를 수정하는 기능을 가진 프로그램으로, 포토샵, 페인트샵 프로, 일러스트레이터 등이 있다.

데이터베이스 관리 시스템

데이터베이스를 관리하며 다른 응용 프로그램들이 데이터베이스를 공유하며 사용할 수 있는 환경을 제공하는 프로그램으로, 오라클, 액세스 등이 있다.

프레젠테이션 프로그램

도표, 도형, 애니메이션 효과 등을 이용하여 발표 자료를 쉽게 작성하는 프로그램으로, 파워포인트가 대표적이다.

통신 프로그램

네트워크를 이용해서 데이터를 주고받는 프로그램으로, 웹 브라우저, FTP, 텔넷 등이 있다.

소프트웨어개발자의 자격 요건

어떤 특성을 가진 사람들에게 적합할까?

- 논리적이고 분석적인 사고능력과 창의력이 요구되며, 컴퓨터시스템에 대한 전문적 지식과 프로그래밍 능력이 필요하다.
- 새로운 아이디어를 낼 수 있는 혁신적 사고능력과 기획능력이 요구된다.
- 다양한 소프트웨어개발자와 협조하여 작업을 수행하기 때문에 원만한 인간관계능력과 의사 소통능력이 요구된다.
- 탐구형과 진취형의 흥미를 가진 사람에게 적합하며, 분석적 사고, 책임감, 리더십, 협조심 등의 성격을 가진 사람들에게 유리하다.
- 다양한 목적을 위해 소프트웨어나 인터넷을 활용하거나 프로그램을 작성할 수 있어야 한다.
- 문제의 본질을 파악해 해결방법을 찾고 이를 실행할 수 있어야 한다.
- 업무를 수행하는데 필요한 도구나 장비를 결정할 수 있어야 한다.
- 작업 지시서에 따라 장비, 도구, 배선, 프로그램 등을 설치하고 조작할 수 있어야 한다.
- 프로그램에 대한 일상적인 유지보수를 하고 프로그램을 유지하기 위해 언제 어떤 종류의 조치를 취해야 하는가를 알아야 한다.

출처: 커리어넷

소프트웨어개발자과 관련된 특성

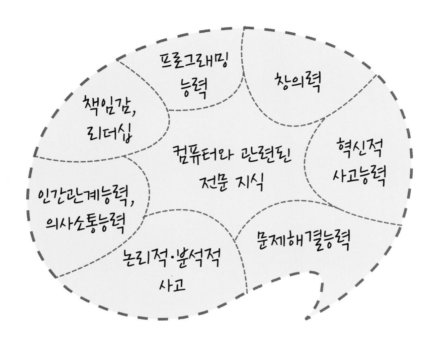

프로그래밍 능력

창의력

책임감, 리더십

컴퓨터와 관련된 전문 지식

혁신적 사고능력

인간관계능력, 의사소통능력

논리적·분석적 사고

문제해결능력

"소프트웨어개발자에게 필요한 <u>자격 요건</u>에는 어떤 것이 있을까요?"

톡(Talk)!
권정윤

흥미를 가지고 꾸준히 공부하는 자세가 필요해요.

소프트웨어개발자의 진입장벽은 높지 않습니다. 누구나 마음만 먹고 열심히 배운다면 모두가 할 수 있는 직업이라고 생각해요. 조급해하지 말고 천천히 노력하다보면 훌륭한 개발자가 될 수 있을 거예요.

톡(Talk)!
노우현

소통능력은 기본, 꼼꼼함이 필요해요.

기본적으로 소통능력이 중요해요. 개발에서 소통을 잘한다는 건 결국 코드를 '누구든 쉽게 이해할 수 있게 작성한다.'라는 뜻으로 귀결됩니다. 사실 개발자가 코드를 어떻게 작성하든 일반인들은 큰 차이를 느끼지 못해요. 하지만 평생 혼자 개발할 생각이 아니라면, 다른 사람과 협업하기 좋게 이해하기 쉬운 코드를 작성할 줄 알아야 해요. 또 소프트웨어개발자는 까다롭고 꼼꼼한 사람에게 유리한 직업이라고 생각해요. 특히 웹 프론트엔드 개발자는 사용자의 인풋을 어떻게 처리해야 할지 그 모든 경우의 수를 다 따져야 하는데, 아무래도 꼼꼼한 사람이 더 잘 할 수 있을 거라고 생각해요.

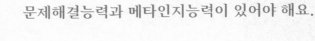

문제해결능력과 메타인지능력이 있어야 해요.

개발자에게 필요한 핵심역량 중 하나는 문제해결능력이에요. 개발한 프로그램에 문제가 생기거나 개발 중에 문제가 생길 경우, 검색과 주변에 물어보는 것에 그치지 않고, 더 좋은 사고방식(프로세스)을 갖추기 위해 끊임없이 노력해야 하죠.

그리고 누군가 코드나 개발방식을 지적하였을 때, 이를 인정하고 발전하려는 노력을 해야 합니다. 그것을 받아들이지 못한다면 발전하기 힘들죠. 뛰어난 개발자가 되기 위해서는 자기 상태를 스스로 항상 점검하고 더 발전할 방법을 인지하고 노력할 필요가 있다고 생각해요.

논리적인 사고력은 물론, 구조파악능력이 필요해요.

웹 개발자는 논리적으로 생각할 수 있는 능력이 필요해요. 코드는 논리정연하게 늘어져 있는 형태이기 때문에 논리적 해석이 중요해요. 저는 어린 시절부터 과학과 보드게임과 같이 논리적으로 사고하는 것을 좋아해서인지 이 직업에 적응도 빨랐고 흥미도 제법 느끼고 있어요.

이와 더불어 구조를 파악하는 능력이 있으면 전체적인 구조를 이해하는데 유용할 것이라고 생각해요.

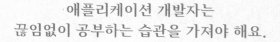

톡(Talk)!
김승율

애플리케이션 개발자는
끊임없이 공부하는 습관을 가져야 해요.

애플리케이션 개발자는 꾸준히 공부하실 수 있는 분께 전망이 좋다고 말할 수 있을 것 같아요. 처음에는 저도 개발자만 되면 끝나는 줄 알았습니다. 하지만 개발자는 되는 순간부터 시작이더라고요. 개발을 하면 할수록 배울 것, 공부할 것이 끊임없이 새로 나오더라고요. 그만큼 알아야 할 것도 많아져요. 그래서 공부하지 않고 배우지 않는다면 점점 도태될 수밖에 없을 것 같아요.

톡(Talk)!
이하늘&정우현

시대적 트렌드에 빠르게 반응해야 해요.

개발자가 되기 위해서 가장 필요한 것은 생산적 사고능력인 것 같아요. 개발자는 다른 직군과 다르게 매일매일 새로운 컴퓨터 언어가 나오고 하루가 다르게 기술이 바뀌고 트렌드가 바뀌거든요. 시대적 트렌드에 빠르게 반응하면서 무한 학습능력과 언제든지 발전할 수 있는 원동력을 갖고 있어야 한다고 생각해요.

내가 생각하고 있는 소프트웨어개발자의
자격 요건을 적어 보세요!

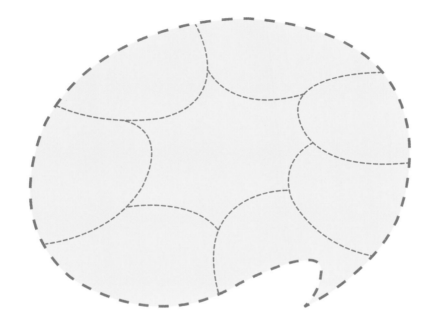

소프트웨어개발자가 되는 과정

 교육과정

전문대학 및 대학교의 컴퓨터공학과, 전산(공학)과, 전자공학과, 전기공학과, 통신공학과 등의 관련 학과를 졸업해야 한다. 비전공자들은 정보통신 관련 사설 교육기관이나 직업훈련학교 등에서 임베디드 전문가 양성과정 등을 통해 관련 교육을 받고 진출한다.

최근에는 소프트웨어를 집중적으로 공부하는 학과들이 별도로 개설되어 있어, 시스템소프트웨어 설계에 필요한 C언어, JAVA와 같은 프로그래밍 언어, 데이터베이스, 소프트웨어공학이론 등을 공부하며, 실제 소프트웨어 개발 실습을 하기도 한다.

 입직 및 취업방법

대다수의 업체에서는 공개채용을 하는 편이지만, 소규모 기업은 학교 또는 인적 네트워킹을 통해 채용하고 있다. 주로 전문대졸 이상에 한해 채용하고 있으며, 전산지식과 프로그래밍 능력이 많이 필요하기 때문에 정보통신 분야에서 다년간의 경험과 전문성을 갖춘 인력을 선호한다.

시스템소프트웨어개발자는 주로 시스템소프트웨어 개발업체, 미들웨어업체, 전산 및 통신장비업체 등에 취업하고, 응용소프트웨어개발자는 SI(시스템통합)업체, 소프트웨어개발업체, 금융권 등 기업체의 전산실에 취업한다.

비교적 단순작업을 수행하는 코더(Coder)로 시작하여 차츰 개발업무를 담당하게 되며, 경력이 쌓이면 단위업무의 리더인 프로젝트리더(PL, Project Leader)를 거쳐 하나의 프로젝트를 총괄하는 프로젝트매니저(PM, Project Manager)로 승진할 수 있다. 실무경력을 살려 컴퓨터시스템개발자, IT컨설턴트 등으로 옮기기도 하며, 관련 업체를 본인이 직접 창업하기도 한다.

※ 합격을 위한 팁   포트폴리오 준비   +   관련 자격증 취득   +   코딩테스트 준비

출처: 워크넷

3 관련 자격증

■ 정보처리기능사 -> 정보처리산업기사 -> 정보처리기사 -> 정보관리기술사

컴퓨터를 사용하는 영역에서 정보처리에 관한 숙련기능을 가지고, 컴퓨터시스템의 운용 및 개발 업무를 수행한다.

- 시행처 : 한국산업인력공단
- 응시자격 : 제한 없음

- 취득방법

1)검정형

원서접수 ⟶ 필기시험 ⟶ 실기시험 ⟶ 자격증 발급

구분	시험과목	검정방법 및 시험시간	합격 기준
필기시험	1.전자계산기일반 2.패키지활용 3.PC운영체제 4.정보통신일반	객관식 4지 택일형	100점 만점에 60점 이상
실기시험	정보처리 실무	필답형 (2시간)	100점 만점에 60점 이상

2)과정평가형

교육평가과정 입학 ⟶ NCS 능력단위를 기반으로 설계된 교육·훈련 과정을 이수 ⟶ 내부평가 및 외부 평가 ⟶ 자격증 취득

정보시스템의 생명주기 전반에 걸친 프로젝트 업무를 수행한다. 개발하고자 하는 시스템의 특성을 분석한 후 프로그램을 설계하고, 시스템 설계를 토대로 프로그램을 코딩하고, 이를 유지 보수하는 작업을 수행한다.

- 시행처 : 한국산업인력공단
- 응시자격

기술자격 소지자	학력	경력
• 동일분야 다른 종목 산업기사 • 기능사 + 실무경력 1년 • 동일종목 외국자격취득자 • 기능경기대회 입상	• 대졸(졸업예정자) • 전문대졸(졸업예정자) • 산업기사수준의 훈련과정 이수(예정)자	• 실무경력 2년

- 취득방법

1)검정형

원서접수 → 필기시험 → 실기시험 → 자격증 취득

구분	시험과목	검정방법 및 시험시간	합격 기준
필기시험	1. 데이터베이스 2. 전자계산기구조 3. 시스템분석설계 4. 운영체제 5. 정보통신개론	객관식 4지 택일형, 과목당 20문항 (과목당 30분)	100점 만점에 과목당 40점 이상, 전과목 평균 60점 이상
실기시험	정보처리 실무	필답형 (2시간 30분)	100점 만점에 60점 이상

2)과정평가형

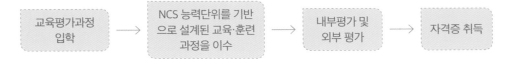

교육평가과정 입학 → NCS 능력단위를 기반으로 설계된 교육·훈련 과정을 이수 → 내부평가 및 외부 평가 → 자격증 취득

| 정보처리기능사 | 정보처리산업기사 | ◆ 정보처리기사 | 정보관리기술사 |

정보처리기사는 정보시스템의 생명주기 전반에 걸친 프로젝트 업무를 수행하는 자격으로서, 계획수립, 분석, 설계, 구현, 시험, 운영, 유지보수 등의 업무를 수행한다.

- 시행처 : 한국산업인력공단
- 응시자격

기술자격 소지자	학력	경력
• 동일분야 다른 종목 기사 • 기능사 + 실무경력 3년 • 산업기사 + 실무경력 1년 • 동일종목 외국자격취득자	• 대졸(졸업예정자) • 3년제 전문대졸 + 실무경력 1년 • 2년제 전문대졸 + 실무경력 2년 • 기사수준의 훈련과정 이수(예정)자 • 산업기사수준 훈련과정 이수 + 실무경력 2년	• 실무경력 4년

- 취득방법

구분	시험과목	검정방법 및 시험시간	합격 기준
필기시험	1. 소프트웨어 설계 2. 소프트웨어 개발 3. 데이터베이스 구축 4. 프로그래밍 언어 활용 5. 정보시스템 구축관리	객관식 4지 택일형, 과목당 20문항 (과목당 30분)	100점 만점에 과목당 40점 이상, 전과목 평균 60점 이상
실기시험	정보처리 실무	필답형 (2시간 30분)	100점 만점에 60점 이상

| 정보처리기능사 | 정보처리산업기사 | 정보처리기사 | ◆ 정보관리기술사 |

정보관리에 관한 고도의 전문지식과 실무경험에 입각하여 정보시스템을 계획, 연구, 설계, 분석, 시험, 운영, 시공, 감리, 평가, 진단, 사업관리, 기술판단, 기술중재 또는 이에 관한 기술자문과 기술지도 업무를 수행한다.

- 시행처 : 한국산업인력공단
- 응시자격

기술자격 소지자	학력	경력
• 동일분야 다른 종목 기술사 • 기능사 + 실무경력 7년 • 산업기사 + 실무경력 5년 • 기사 + 실무경력 4년 • 동일종목 외국자격취득자	• 대졸 + 실무경력 6년 • 3년제 전문대졸 + 실무경력 7년 • 2년제 전문대졸 + 8년 • 산업기사수준 훈련과정 이수자 + 실무경력 8년 • 기사수준의 훈련과정 이수자 + 실무경력 6년	• 실무경력 9년

- 취득방법

구분	시험과목	검정방법 및 시험시간	합격 기준
필기시험	정보의 구조, 수집, 정리, 축적, 검색 등 정보시스템의 설계 및 수치계산, 기타 정보의 분석, 관리 및 기본적인 응용에 관한 사항	단답형 및 주관식 논술형 (매교시당 100분 총 400분)	100점 만점에 60점 이상
실기시험	정보처리 실무	구술형 면접 (30분)	100점 만점에 60점 이상

② 전자계산기조직응용기사 -> 컴퓨터시스템응용기술사

◆ 전자계산기조직응용기사	컴퓨터시스템응용기술사

　정보시스템의 생명주기 전반에 걸친 프로젝트 업무를 수행한다. 개발하고자 하는 시스템의 특성을 분석한 후 프로그램을 설계하고, 시스템 설계를 토대로 프로그램을 코딩하고, 이를 유지 보수하는 작업을 수행한다.

- 시행처 : 한국산업인력공단
- 응시자격

기술자격 소지자	학력	경력
• 동일분야 다른 종목 기사 • 동일종목 외국자격취득자 • 산업기사 + 실무경력 1년 • 기능사 + 실무경력 3년	• 대졸(졸업예정자) • 3년제 전문대졸 + 실무경력 1년 • 2년제 전문대졸 + 2년 • 산업기사수준 훈련과정 이수 + 2년 • 기사수준의 훈련과정 이수(예정)자	• 실무경력 4년

- 취득방법

구분	시험과목	검정방법 및 시험시간	합격 기준
필기시험	1. 전자계산기프로그래밍 2. 자료구조 및 데이터통신 3. 전자계산기구조 4. 운영체제 5. 마이크로전자계산기	객관식 4지 택일형, 과목당 20문항 (과목당 30분)	100점 만점에 과목당 40점 이상, 전과목 평균 60점 이상
실기시험	전자계산기조직응용실무	필답형(2시간)	100점 만점에 60점 이상

전자계산기조직응용기사	◆ 컴퓨터시스템응용기술사

고도의 전문지식을 가지고 풍부한 실무경험에 입각하여 계획, 연구, 설계, 분석, 시험, 운영, 시공, 평가하는 작업을 행하며, 지도와 감리 등의 기술업무를 수행한다.

- 시행처 : 한국산업인력공단
- 응시자격

기술자격 소지자	학력	경력
• 동일분야 다른 종목 기술사 • 동일종목 외국자격취득자 • 기사 + 실무경력 4년 • 산업기사 + 실무경력 5년 • 기능사 + 실무경력 7년	• 대졸 + 실무경력 6년 • 3년제 전문대졸 + 실무경력 7년 • 2년제 전문대졸 + 실무경력 8년 • 산업기사 수준의 훈련과정 이수자 + 실무경력 8년 • 기사수준의 훈련과정 이수자 + 실무경력 6년	• 실무경력 9년

- 취득방법

구분	시험과목	검정방법 및 시험시간	합격 기준
필기시험	하드웨어시스템, 소프트웨어 시스템에 관한 분석, 설계 및 구현, 그밖에 컴퓨터 응용에 관한 내용	단답형 및 주관식 논술형 (매 교시당 100분, 총 400분)	100점 만점에 60점 이상
면접시험	-	구술형 면접(30분)	100점 만점에 60점 이상

이 밖에도

전자계산기기능사, 전자계산기제어산업기사, 전자계산기기사, 임베디드기사 등 여러 자격증이 있다. 또한 MCSD(마이크로소프트사), MCSE(마이크로소프트사), SCJP(썬마이크로시스템즈사), OCP(오라클사) 등 해외 자격증도 있으며, 이 자격증들은 민간 자격증이지만 국제적으로 권위가 인정되고 업계에서 통용되므로 국내 및 해외 취업에 도움이 된다.

출처: 큐넷

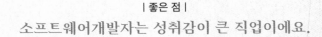

소프트웨어개발자의 좋은 점 · 힘든 점

톡(Talk)!
권정윤

| 좋은 점 |
소프트웨어개발자는 성취감이 큰 직업이에요.

소프트웨어개발자는 큰 성취감을 얻을 수 있다는 점이 매력적이에요. 프로젝트의 단위가 보통은 몇 달에서 길게는 1,2년 이상 걸리다보니 여러 가지 위기도 겪고 고생도 많이 하거든요. 그런 점에서 무사히 프로젝트를 끝내면 큰 성취감을 얻는 것 같아요. 특히, 프로젝트를 진행하는 과정 속에서 고객사와 상호작용을 하는 중요한 과정을 거치는데, 이 과정이 잘 어울려서 좋은 결과가 나오게 되고, 그 결과가 저뿐만 아니라 고객사도 만족시킨다면 그것보다 큰 성취감은 없다고 생각해요.

톡(Talk)!
장봉균

| 좋은 점 |
자유로운 시간 활용이 가능해요.

웹 개발자의 가장 큰 장점은 시간인 것 같아요. 개발이 일찍 끝나거나 시간 내에 할 자신이 있다면 여유분의 시간을 내 마음대로 써도 상관하지 않아요. 적당한 범위 내에서 자유롭게 이동하여 놀거나 인터넷 서핑을 해도 크게 터치하지 않는 분위기입니다. 그래서 눈치 볼 필요도 없고, 오히려 그것이 실력이라고 생각하는 문화도 있습니다.

톡(Talk)!
김승율

| 좋은 점 |

결과가 확실하고, 헛된 노력이 없다는 점이에요.

우선 결과물이 확실하다는 점이에요. 개발 후, 스토어에 올린 제 애플리케이션을 누군가가 사용한다는 것을 확인 할 수 있고, 그 때 정말 큰 보람을 느껴요. 누군가 내가 만든 것을 사용할 때 느끼는 감정은 해보지 않으면 모르는 경험이랍니다. 그 평가가 좋으면 좋은 대로 나쁘면 나쁜 대로 바로바로 체감할 수 있습니다.

또 다른 장점은 개발에 필요한 공부나 일에 투자한 모든 시간들이 결국 나의 경력과 경험이 된다는 것이에요. 힘들고 어려운 일조차 나의 커리어가 되고 나의 결과물이 되고 나의 가치가 됩니다. 모든 게 경력으로 인정되거든요. 아마 이 부분에서 동기부여도 얻기도 하는 것 같아요.

톡(Talk)!
노현서

| 좋은 점 |

선택의 폭이 넓고, 상상을 현실로 만들 수 있어요.

능력에 따라 할 수 있는 일이 다양하다는 게 큰 장점이에요. 모든 기초를 기반으로 무수히 많은 것을 배우고 만들 수 있죠. 그리고 상상하는 것을 현실에서 실현하는 능력을 가질 수 있어요.

| 좋은 점 |
공간의 제약 없이 언제 어디서든 일을 할 수 있어요.

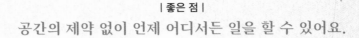

개발자로서 가장 큰 장점은 공간과 시간이 자유롭다는 점이에요. 저 또한 2019년도에 여행을 다니면서 프리랜서로 일하던 시기가 있었는데요, 태국 치앙마이에서 1달, 베트남 호치민에서 1달, 말레이시아 쿠알라룸프르에서 3달간 살면서 한국에서 몇몇 일을 수주 받아서 했어요. 개발자는 코드가 중요하고 컴퓨터와 인터넷만으로 모든 소통이 가능하기 때문에, 굳이 근무하는 사람이 반드시 옆에 있을 필요가 없어요. 어디든지 갈 수 있고 어디서든 일을 할 수 있죠.

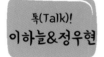

톡(Talk)!
이하늘&정우현

| 좋은 점 |
업무시간이 자유로워요.

개발자는 업무시간과 공간이 자유로워요. 정해진 기한까지 결과물을 만들면 되거든요. 따라서 밤에 집중이 더 잘되는 사람은 주야 시간을 바꿔서 일을 할 수 있다는 점이 좋아요. 업무 시간에 대한 제약이 없어요. 정해진 기한만 잘 맞출 수 있다면 말이죠.

톡(Talk)!
권정윤

| 힘든 점 |
정해진 시간 내에 결과를 만들어야 해요.

소프트웨어개발자는 정해진 날짜 안에 수많은 수정 사항을 반영하고, 오류를 수정해 결과물을 만들어 내야 해요. 저 역시 어떤 프로젝트에서는 오랜 기간 밤을 새거나 늦게까지 일하고 바로 다음 날 새벽에 출근하기를 반복한 적도 많아요. 때로는 많은 분들이 과도한 업무량으로 이 분야에 실망을 한 채 떠나기도 하고, 소프트웨어개발자가 과로로 사망하였다는 뉴스보도를 통해 사회적 문제로 불거지는 경우도 종종 볼 수 있어요.

톡(Talk)!
노현서

| 힘든 점 |
꾸준한 능력 개발이 필요해요.

소프트웨어개발자의 단점은 쉬지 않고 노력해야 한다는 것이에요. 능력을 개발하지 않으면 도태될 수밖에 없어요. 언어와 기술이 정말 빠르게 변화하고 있거든요. 꾸준히 공부해서 습득하지 않는다면 시대흐름에 뒤처질 수밖에 없어요.

톡(Talk)!
김승율

| 힘든 점 |
소프트웨어개발자는 결과물이 중요한 직업이에요.

　결과물이 중요한 직업이기 때문에 서비스개발, 서비스오픈 등의 시간적인 여유가 없다면 야근, 휴일 근무 등이 불가피해요. 시간에 맞춰서 모든 일을 진행해야 하기 때문에 진행이 늦는다면 쉬는 시간이 없을 정도로 일해야 해요. 가끔은 그런 스트레스로 인해 지쳐서 포기하는 분들도 보게 돼요.

톡(Talk)!
노우현

| 힘든 점 |
항상 새롭게 발전하고 배울 것이 탄생해요.

　소프트웨어는 항상 새롭게 발전하고 새로운 게 나와요. 가만히 있어도 배울 게 끊임없이 탄생하죠. 특히 웹 프론트엔드 분야는 매년 새로운 기술 스택이 나오기 때문에 벅차기도 해요. 또 조금 잘하나 싶다가도 모르는 것이 수두룩 생길 때가 있고 업무 중 큰 버그가 생기면 힘들기도 하죠. 그렇기 때문에 소프트웨어는 끊임없이 공부해야 하는 분야에요.

톡(Talk)!
장봉균

| 힘든 점 |

수많은 개발 코드를 공부하고 분석해야 하죠.

소프트웨어개발자는 정말 많은 공부를 해야 한다는 점에서 힘들 때가 있어요. 회사는 다양하고, 그 회사마다 원하는 소프트웨어 개발이 다르기 때문에 다뤄보지 않은 언어를 써야 할 때도 있어요. 이전 사람 코드가 너무 길고 난해해서 해석이 어려운 경우가 꽤 많은데요, 이럴 때는 코드 공부와 코드 분석을 통해 원인을 찾고 결과를 만들어 내야 해요. 코드가 길면 길수록 공부해야 하는 양도 많아지니 결국 쉬지 않고 공부를 하는 셈입니다.

톡(Talk)!
이하늘&정우현

| 힘든 점 |

결과물에 대한 책임감이 무겁게 느껴져요.

업무가 자유로운 반면, 결과물에 대한 책임감 때문에 스트레스가 조금 있어요. 매일 무엇인가를 반복하는 업무가 아니다보니 창의적이고 가치 있는 결과물을 완성한다는 것에 압박감이 있습니다.

소프트웨어개발자 종사 현황

시스템소프트웨어개발자

학력분포 (2019)
- 12.4% 대학원졸 이상
- 73% 대졸
- 10.9% 전문대졸
- 3.7% 고졸이하

연령분포 (2017)
- 14.6% 20대 이하
- 44.4% 30대
- 34.7% 40대
- 6.3% 50대
- 0% 60대 이상

성별분포 (2017)
- 88.2% 남성
- 11.8% 여성

임금분포 (2017)
- 300만원 하위(25%)
- 400만원 중위(50%)
- 500만원 상위(25%)

소프트웨어개발자는 시스템과 응용 분야에 약간 차이는 있지만 남성이 여성보다 월등히 많으며, 근로종사자는 30대, 40대 순으로 높다. 학력은 대졸 이상인 경우가 많으며, 종사자의 평균임금은 연 4,000만 원 이상으로 나타났다.

출처: 통계청 (2017), 지역별고용조사

응용소프트웨어개발자

학력분포 (2019)
- 대학원졸 이상: 13.2%
- 대졸: 62.3%
- 전문대졸: 15.7%
- 고졸이하: 7.8%

연령분포 (2019)
- 20대 이하: 17.1%
- 30대: 47.2%
- 40대: 28.9%
- 50대: 5.7%
- 60대 이상: 1.1%

성별분포 (2017)
- 남성: 89.5%
- 여성: 10.5%

임금분포 (2017)
- 하위(25%): 260만원
- 평균(50%): 340만원
- 상위(25%): 420만원

소프트웨어 개발자의

생생 경험담

미리 보는 소프트웨어개발자들의 커리어패스

이하늘
소프트스퀘어드 CEO

인하대학교 컴퓨터공학과 > ㈜팀노바 파트장

정우현
소프트스퀘어드 CTO

권선고등학교 > ㈜넥솔시스템 IT 산업체
복무 요원

노현서
크립텍트 CEO

지역공동영재학교 수석 졸업, > 삼성SDS Software Engir
울산공업고등학교

노우현
웹 프론트엔드 개발자

부산국제외국어고등학교 > 서강대학교
영/중국어과 Art&Technology학

김승율
애플리케이션 개발자

광명고등학교 > 경기대학교 재료공학과

권정윤 개발 팀장

금천고등학교 > 동국대학교 정보산업학부
컴퓨터공학과

장봉균 웹 개발자

한광고등학교 > 경기대학교 신소재공학과
웹개발 입문

㈜와이랩스, ㈜마스컴퍼니 프리랜서 개발자, ㈜굳건 최고기술책임자 > 소프트스퀘어드 CEO

㈜미미박스, ㈜ EMPO, ㈜굳건 개발자 > 소프트스퀘어드 CTO

Zepetto Co. Lead Engineer
Zepetto Co. Client Engineer
Zepetto Co. 본부장 > Cryptect 대표이사

'멋쟁이 사자처럼' 프론트엔드 개발자 및 강사, Revisolution PBC, UX Developer , BoostIO, UX Developer > Presto Labs, Software Engineer

남양공업 품질보증팀 팀장 > IOS개발자

CSPI SI개발팀 사원 > 네모시스 솔루션개발팀 팀장

한국투자증권 홈페이지 접근성 인증마크획득 프로젝트
전북대 통합정보시스템 차세대 프로젝트 > 웹 개발자

서로 다른 길을 걷던 컴퓨터공학도가 뭉쳤다. 소프트웨어 마에스트로 과정에서 첫 맞남을 가진 두 사람은 서로의 능력과 비전을 공유하며, 의기투합해 '소프트스퀘어드'라는 개발 교육 및 SW개발 회사를 창업했다. 패기와 도전, 창의적 아이디어로 회사는 조금씩 성장하고 있다. 지금까지 자신들의 행복을 위해 능력을 쌓고 자신의 역량을 채우는데 시간을 할애했다면 앞으로는 그것을 주변에 나눠주고 더 많은 사람들에게 선한 영향력을 주고 싶다는 젊은 사업가들의 다짐이다.

소프트스퀘어드 CEO 이하늘 개발자

현) 소프트스퀘어드 대표
- 이화여자대학교 젠더법학연구소 프로젝트 자문위원 활동
- 유튜브 '컴공선배'채널 설립 및 크리에이터 활동
- ㈜굳건 공동 설립, 최고기술책임자
- ㈜마스컴퍼니 안드로이드 프리랜서 개발자
- ㈜와이랩스 서버 프리랜서 개발자   – SW 마에스트로 8기 수료
- 소프트스퀘어드 설립   – (주) 팀노바 파트장 역임
- 인하대학교 컴퓨터공학과

소프트스퀘어드 CTO 정우현 개발자

현) 소프트스퀘어드 CTO
현) 유튜브 '컴공선배' 운영
- SW 마에스트로 멘토 (과학기술정보통신장관 임명)
- 소프트스퀘어드 공동창업
- ㈜미미박스 Tech Platform - Server Developer
- ㈜EMPO Project Manager & Application Developer
- ㈜굳건 - 월뱅크 Android, Server 개발   – SW 마에스트로 8기 수료
- 심간표(심플시간표) Android, iOS 출시
- ㈜넥솔시스템 IT 산업체 복무 요원
- 가천대학교 컴퓨터공학과 졸업   – 권선고등학교 졸업

소프트웨어개발자의 스케줄

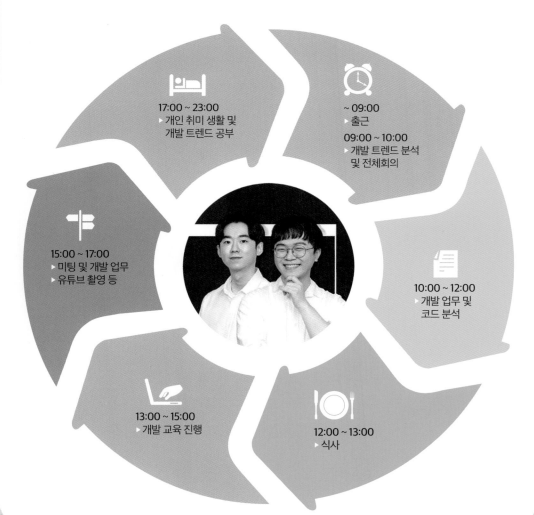

이하늘,
정우현
개발자의
하루

17:00 ~ 23:00
▸개인 취미 생활 및
개발 트렌드 공부

~ 09:00
▸출근
09:00 ~ 10:00
▸개발 트렌드 분석
및 전체회의

15:00 ~ 17:00
▸미팅 및 개발 업무
▸유튜브 촬영 등

10:00 ~ 12:00
▸개발 업무 및
코드 분석

13:00 ~ 15:00
▸개발 교육 진행

12:00 ~ 13:00
▸식사

컴퓨터공학도,
뭉치다

▶ 창업아이디어 해커톤 최우수상_이하늘

▶ 미미박스 복면가왕 시절_정우현

▶ 굳건 경진대회_이하늘

▶ EMPO 시절_정우현

이하늘 개발자님 : 소위 말하는 완전 사고뭉치 학생이 바로 저였어요. 워낙 사고뭉치여서 학교에서도 알아주는 학생이었죠. 가끔은 부모님이 학교로 오셔서 선생님들과 이야기를 나누곤 하셨을 정도였어요. 고집도 세고, 주장도 굉장히 강한 편이었고, 친구들을 만나서 이야기하며 노는 것을 좋아할 만큼 사교적인 학생이었어요. 지금 생각해보면 '외향적인 별종'이 아니었나 싶어요.

정우현 개발자님 : 저희 부모님은 제 스스로 장래를 선택하는 것을 존중해주시는 편이었어요. 그래서 공부를 해야 한다는 스트레스를 주지 않으셨고, 자연스럽게 공부와는 거리가 먼 학생으로 지냈었어요. 그러다 고등학교 1학년 때부터 진로를 진지하게 고민하기 시작했고, 모델과 가수가 되어보겠다며 에이전시 면접도 보러가고 음악학원도 다녔었어요. 그러다 고등학교 3학년이 되고 공부를 해봐야겠다는 생각이 들었어요. 수능을 치르고 문과였지만 컴퓨터공학과로 교차지원을 하면서 컴퓨터 쪽으로 진로를 생각하게 되었죠.

이하늘 개발자님 : 당시에는 명확한 꿈이 있었다기보다 여러 가지 좋아하는 흥미를 두고 꿈을 꾸었던 것 같아요. 그 중 하나가 바로 가수죠. 생각하는 걸 좋아해서 수학자와 물리학자라는 꿈도 있었고, 누군가를 가르치는 것을 즐거워해서 선생님이라는 꿈도 있었어요. 또, 저는 엄청난 게임광이었는데, 게임을 좋아하는 수준을 넘어 게임을 직접 만들어 보기도 했어요. 컴퓨터에 대한 지식도 자연스레 쌓이기 시작했고, 컴퓨터 프로그래머도 그렇게 많은 꿈 중 하나로 자리 잡았죠.

  고등학교에 들어와서 대학교 학과선택을 하라고 하는데, 너무나도 다양한 분야에 흥미를 느끼고 있어서 결정하기가 쉽지 않았어요. 많은 고민 끝에 운명에 맡기기로 했죠.

학교 수시를 쓸 당시 6개를 쓸 수 있었는데, 각자 다른 학과를 쓰고 결과를 기다리기로 했답니다. 그렇게 인하대학교 컴퓨터공학과만 합격하였고, 나머지는 다 떨어졌죠. 그 때 생각했죠. '이것이 하늘의 뜻이구나.' 운명이라고 여겼어요.

정우현 개발자님 : 고등학생이 되면서 스스로 진로를 찾다보니, 공부를 한 게 없어서 제가 가진 능력으로 어떤 직업을 가질 수 있는지 많이 고민했던 것 같아요. 그러다 키가 큰 걸 활용해서 무언가를 해 볼 수 있겠다는 생각에 모델을 꿈꾸기 시작했죠. 모델 교육도 알아보고 무작정 모델 에이전시에 찾아가 보거나 연락해보았어요 심지어 몇몇 에이전시에서는 면접을 보기도 했죠. 그런데 막상 현실에 부딪혀보니 키만으로 모델이 되는 건 쉽지 않다는 걸 느꼈고 그렇게 이 꿈을 접게 되었죠.

그렇게 고등학교 2학년이 되고 2번째 꿈이 생겼는데, 가수였어요. 당시 슈퍼스타K가 인기를 얻기도 하였고, 친구들과 노래방에 갔을 때 노래 잘한다는 얘기를 듣고, 이 점을 활용해 보기로 했죠. 음악 학원도 다니고 오디션도 보러 다니고 영상도 찍어 올려보며 많은 노력을 했어요. 비록 소속사에 들어가진 못했지만, 음악에 관련된 일을 해야겠다고 마음먹고 음악 학원도 열심히 다녔어요. 당시 6시간 이상 매일 노래 연습을 했었는데요, 고등학교 2학년 말에는 너무 목을 무리한 나머지 성대 결절에 걸리기도 했답니다. 병원에서 완치가 불가능하다고 하셔서 결국 이 꿈 역시 포기하게 되었어요. 당시에는 2가지 꿈을 너무나도 빨리 잃게 되어 조금은 가슴 아파했던 기억이 나네요.

이하늘 개발자님 : 사실 처음부터 '개발자가 되어야겠다'라고 생각했던 것은 아니었어요. 누구나 그렇듯 대학교에 입학해서 친구들과 어울려 놀기도 하고 공부하기도 했죠. 대학교 2학년까지는 밴드부 회장을 하면서 취미활동을 하기도 했던 평범한 학생이었어요. 그렇게 군대를 가게 되었는데 진로에 대해 많은 고민이 생기더라고요. '졸업하면 무엇을 해야 하지?' 정말 많은 시간 고민했던 것 같아요. 결론부터 말씀드리면, 소프트웨어개발자가 되는 것과 대기업에 취직하는 것으로 압축되었어요. 그 중 일반적으로 선호하는 대기업 취직에 좀 더 마음을 두게 되었고 결국 그 길로 준비하게 되었어요. 그런데 준비 과정을 잘 살펴보니 소프트웨어개발자가 되기 위한 준비도 같이 할 수 있겠더라고요. 그래서 대기업을 준비하면서 한 가지에 초점을 두기보다 개발 역량 기르는 것과 대기업 준비 모두 중요시 하면서 준비했던 것 같아요.

정우현 개발자님 : 모델과 가수라는 꿈을 접고 나서 앞이 막막했어요. 고등학교 3학년이 되던 시기여서 그런 것도 있었지만 근본적으로 '내가 가진 다른 능력은 무엇일까? 나는 무엇을 꿈꾸며 살아 갈 것인가?'를 많이 생각하던 때였죠. 그런데 아무리 고민을 해봐도 더 이상 남은 것이 없다는 생각이 들었어요. 그래서 한 번도 제대로 해보지 않았던 공부를 해보기로 결심했죠. 여태까지 공부를 제대로 안했으니 중학교 1학년 과정부터 다시 공부를 시작했어요. 항상 7~8등급이었던 성적이 수능 때 2등급으로 올라갈 만큼 정말 악착같이 공부했던 기억이 나요. 그때로 다시 돌아가라고 하면 절대 못할 만큼 힘든 시기였고 피땀 흘려 공부하던 때였어요. 그렇게 문과였지만 성적에 맞춰 진학을 하기 위해 교차지원으로 컴퓨터공학과를 선택하게 되었어요.

본격적으로 개발자가 되기로 결심한 시기는 IT산업체를 시작하면서 부터예요. 대학생 때는 시험 2~3일 전 벼락치기로 공부하는 놀기 좋아하는 학생이었어요. 교차지원으로 오게 된 거라 잘 모르는 분야였고, 그래서 무엇을 해야 할지 몰랐었으니까요. 그러다 IT산업체로 군 생활을 하게 되었고, 그때 제 인생 멘토님과 여러 가지 IT지식을 익히고 만들어 보면서 개발자에 흥미가 생겼던 것 같아요.

정우현 개발자님 : 대학교 2학년을 마치고 IT산업체 복무를 시작했어요. 그 중에서 제 실력이 급성장한 시점이 기억 남는데요. IT 산업체 복무 당시 특정한 사유로 회사에 사람들이 많이 계시지 않았어요. 결국 소수의 사람들이 회사를 운영해야 하다 보니 한 사람이 전체를 이해하고 다룰 줄 알아야 했고, 저 또한 개발을 포함하여 영업, 기획, 디자인, 계약 등 정말 많은 일들을 배우게 되었어요. 힘들지 않았다면 거짓말이겠지만, 지금 생각해보면 그 덕에 다양한 분야도 넓게 알게 되었을 뿐만 아니라, 효율적이고 효과적으로 일 하는 능력도 터득하게 되어서 감사하게 생각해요. 그래서 IT산업체 복무 3년 동안 급성장을 이뤘다고 할 수 있을 것 같아요.

IT산업체 복무 시절에 제 인생의 멘토, 허석환님을 만났어요. 멘토님은 제가 스스로 공부할 수 있도록 많은 자극을 주셨어요. 딱 하나 꼬집어서 주입식으로 알려주시기보다는 스스로 공부를 할 수 있는 방법과 마음가짐을 갖는 법 등의 지혜를 알려주셨어요. 또한 마음에 위안도 주셨죠. 허석환 멘토님이 있기에 제가 지금까지 올 수 있던 것이고 앞으로도 계속 성장할 거라고 생각하며 항상 감사해하고 있습니다.

세계 6위 애플리케이션 개발 (정우현 개발자)

부끄럽지만 말씀드리자면 "심간표(심플시간표)"를 출시하였어요. Google Play Store에서 "시간표"로 검색하면 가장 먼저 뜨는 애플리케이션입니다. (웃음)
심간표를 만들게 된 계기는 산업체 복무가 끝나고 대학교에 복학하며 아주 간편하고 예쁜 시간표 애플리케이션을 쓰고 싶었는데 제 마음에 드는 게 없었어요. 한 부분이 마음에 들면 다른 한 부분이 마음에 들지 않고 부족함이 느껴지더라고요. 그래서 제가 생각하는 저에게 딱 맞는 애플리케이션을 만들자고 결심을 했고 바로 실행에 옮겼죠. 복학이 1달 정도 남았던 상태라 최대한 빠르게 만든 후 혼자 사용하며 지인들에게 홍보하기 시작했어요. 지인들과 애플리케이션 리뷰의 호평/혹평을 들으며 계속 업데이트를 시켜나갔고 가장 많이 사용되던 때에 세계 6위까지 올라갔었어요.

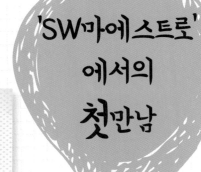

'SW마에스트로'
에서의
첫만남

▶ SW마에스트로 시절

▶ 공개 개발자 콘테스트 라이징프로그래머 수료식

▶ 소프트스퀘어드 디캠프 우수상 수상

▶ 소프트스퀘어드 첫 사무실 시절

두 분 모두 소프트웨어(SW) 마에스트로 출신이라고 들었는데요?

이하늘 개발자님 : 당시에 취직을 준비하면서, 다양한 경
진대회에 나가 상을 받기도 하고 여러 사람들과 만나기
시작했을 무렵이었어요. 그런 대회에서 정말 뛰어나신
분들이 많이 계셨는데 놀랍게도 서로 알고 지내던 사이

였죠. 알고 봤더니 개발자들의 엘리트 코스라고 불리는 SW 마에스트로 출신이라고 하더
라고요. 그래서 결심했죠. SW 마에스트로에 들어가기로!

정우현 개발자님 : 대학을 졸업 할 즈음 같이 개발을 하던 친구들이 SW마에스트로라는
단체를 소개해줬어요. 국가에서 지원해주는 사업인 만큼 엄청나게 들어가기도 힘들고
대단한 커리어일 수 있다고 했어요. 무엇보다 개발 지원금으로 넉넉한 보조금을 준다는
말에 바로 지원하게 되었죠.

✔여기서 잠깐! '소프트웨어 마에스트로'란

소프트웨어 마에스트로는 과학기술정보통신부에서 운영하는 과정으로, 국내 소프트웨어 전문가들
을 만들자는 취지 하에 운영되고 있다. 소프트웨어 산업 분야별 전문가를 멘토로 지정하여 도제식 교
육방식을 통해 단계별 프로젝트를 수행하면서 지도받는 시스템이다. 연수생 모집 및 선발과정을 거
쳐 연수생을 선발하며, 소프트웨어 마에스트로 과정은 팀 프로젝트로 진행되고 각 기수마다 약 100
여 명만 선발되는 특별한 교육과정이다.
이하늘 개발자와 정우현 개발자도 이 교육 과정을 수료하고, 현재 소프트웨어 마에스트로의 멘토로
활동 중이다.

소프트웨어(SW) 마에스트로(이하 '소마')에서

두 분의 첫만남은 어땠나요?

정우현 개발자님 : 소마에 합격하고 동기들과 각자 소개를 하는 시간을 가졌을 때였어요. 이하늘 개발자가 자기소개를 하고 소마 활동을 하며 만들어 보고 싶은 프로젝트를 얘기 했었는데, 제가 가진 경험을 잘 살릴 수 있는 프로젝트라고 생각되어서 주의 깊게 들었 어요. 발표도 잘하고 개발도 잘하는 사람이라는 생각이 들어서 발표가 끝나고 바로 찾아 가서 얘기를 나눠보니 말도 잘 하고 똑똑한 느낌이 많이 들었던 게 기억나네요.

소마 활동은 저와 이하늘 개발자 그리고 다른 한 분을 포함해 총 3명에서 팀을 하게 되었어요. 다른 한 분이 저와 성격이 비슷해서였는지 되면 되는대로 아니면 아닌 대로 흘러가듯 일을 진행했는데, 이하늘 개발자는 달랐어요. 이하늘 개발자는 정확한 목표설 정과 방향설정을 가져야 한다고 똑 부러지게 말하더라고요. 팀의 리더는 정해야 하며 방 향성은 명확해야 한다고요. 이 말이 아직도 기억에 남네요. "우리 이왕 하는 만큼 우수하 게 수료해보는 것이 어때? 쉽게 들어온 게 아닌 만큼 1등으로 수료해보자. 우린 할 수 있 잖아." 그때 느꼈죠. '이 친구는 진정한 리더로서의 자질이 있구나.' 하고 말이죠.

소프트웨어(SW) 마에스트로 이후 잠시 헤어짐의

시간이 있었다고요?

정우현 개발자님 : 소마 이후 바로 같이 사업을 시작했던 것은 아니에요. 서로 간의 목표 가 있었기에 서로의 길을 위해 달렸죠. 저는 외주에 대한 일을 따로 하고 있었고, 당시에 개발자로서 좋은 스카웃 제의가 있어서 좋은 업무환경에 취업도 했었어요.

이하늘 개발자님 : 저는 소마가 끝나고 학교로 돌아가서 학업과 외주를 병행했어요. 당시 많은 스카웃을 받아 ㈜군건 이라는 회사에 좋은 대우로 함께 일을 하게 되었어요. 당시

목표달성 코칭 플랫폼 윌뱅크라는 애플리케이션을 제가 주도적으로 개발했죠. 당시에는 제가 학생이었기에 주변에서는 저를 신기하게 보았어요. 그리고 부러워하기도 했죠. 생각보다 그렇게 어려운 일이 아님에도 말이죠.

Question **두 분이 다시 만나게 된** 계기는 무엇인가요?

이하늘 개발자 : 개발한 애플리케이션의 사용자가 많아지고 일거리가 늘어나면서, 제가 진행하는 일들을 학교 다니는 친구, 후배들과 함께 나눠서 해야겠다고 다짐했어요. 개발 과외를 해주고 그 교육을 받은 친구들과 함께 개발 프로젝트를 참여하였어요. 처음에는 작은 일만 할 수 있을 거라 생각했는데 어려운 기능까지 잘 개발해내더라고요. 저는 그게 참 놀라웠어요. 그리고 짧은 기간 교육으로도 실무 개발을 할 수 있다는 점을 깨닫게 되었어요. 그래서 이와 같은 아이디어를 정우현 개발자와 이야기했죠. 교육을 체계적으로 할 수만 있다면 수익성도 기대할 수 있겠다 싶었고, 그렇게 '소프트스퀘어드' 라는 회사를 차려 사업에 뛰어들게 되었습니다. 그리고 SW마에스트로 때부터 알고 지내던 정우현 개발자에게 함께 하자고 제의하였어요.

정우현 개발자님 : SW마에스트로때부터 이하늘 개발자의 리더십과 역량을 알았기에 같이 하자는 제의가 너무 반가웠죠. 당시 하는 일이 좋은 대우, 좋은 위치긴 했지만, 새로운 도전을 할 수 있다는 것이 설레었고 무엇보다 이하늘 개발자와 함께라면 대단한 것을 같이 이룰 수 있을 것이란 확신이 들었어요.

Question 그렇게 완성된 회사를 소개해주세요

저희 회사는 "소프트스퀘어드"라는 개발 교육 및 SW개발 회사입니다. 컴퓨터공학과 대학생들을 대상으로 개발 교육을 진행하고, 실제 외주를 할 수 있도록 도와주는 실무 교육을 진행합니다. 그 후 실제로 외주와 연결도 하고 있습니다. 바로 외주에 투입 될 수 있도록 하는 교육이기 때문에 아주 힘든 과정이에요. 실제로 많은 분들이 중도 포기하세요. 그렇지만 이것을 잘 견디고 잘 따라오면 엄청난 경쟁력이 생기는 과정입니다. 수료생들을 대상으로 하는 연합동아리인 애플리케이션 런칭 동아리 '메이커스'를 운영하고 있기도 하고요. 메이커스는 이미 20개 이상의 애플리케이션을 런칭하였고, 몇몇 애플리케이션은 30만 다운로드 이상의 인기를 누리고 있을 만큼 성황리에 운영 중입니다.

Question 그럼 비전공자들은 위 과정을 듣기 힘든가요?

아닙니다. 그렇지 않아요. 비전공자도 들을 수 있도록 3개월 수료과정도 만들었는데요, 전문가 2개월 수료과정보다 1달 정도 더 수료기간이 듭니다. 비전공자인 만큼 기초과정이 조금 필요하니까요. 전문지식이 전무하더라도 3개월 수료과정을 통해 전문개발자로 발돋움할 수 있도록 커리큘럼을 구성했습니다. 비록 조금 힘들지도 모르지만 잘 따라오기만 한다면 전공자만큼의 실력을 뽐낼 수 있어요. 이미 많은 분들이 도전하고 있고 저희 회사에서 이미 수료하고 엄청난 기량을 지니신 분들도 많이 있답니다.

두 분이 같이 회사에서 만들어낸 프로젝트 중 가장 기억에 남는 프로젝트가 있나요?

'스윙!' (두 개발자 동시에~)

프로젝트 이름이에요. 여러분들이 현재 쓰고 계시는 공유 킥보드 사업인데요. 그 중 하나가 저희가 만든 성공적인 사업이죠. 애플리케이션과 개발을 모두 저희가 만들었어요. 정말 힘들었지만 정말 기억에 많이 남아요. 밤새 열정적으로 열심히 했었거든요.

▶ 소프트스퀘어드 수업 중

선한 영향력을
주는 개발자가
목표

▶ 네이버 SEF 공동 대표 진출

▶ 대통령 간담회 초청

▶ 소프트스퀘이드 식구들과 함께

개발자라는 것은 어려워서 포기한다기보다 안 맞아서 포기하는 경우가 많아요. 그래서 라이트 봇 같은 게임을 해보면서 적성을 체크해보고 애매하다고 생각되면 안 하길 추천하는 편입니다. 세계적으로 개발 적성을 체크할 때도 이런 프로그램을 많이 쓰거든요. 그러나 적성에만 맞는다면 향후 10년, 20년 간 소프트웨어개발자의 전망은 매우 좋기 때문에 최고의 직업이 될 것이라고 생각하고, 적극적으로 응원해주고 싶어요. 다만 적성에 맞지 않는다면 정말 하기 힘든 직업일 것이라고 생각합니다.

Question 회사를 운영하면서 행복한 일이 어떤 것이 있을까요?

무자본으로 시작한 사업인데도 불구하고 하나씩 이뤄나가는 것을 보는 것이 제일 행복했던 것 같아요. 투자를 받은 사업이 아니었기에 잘해야 한다는 압박감도 없었고, 다른 사람에게 도움을 받은 것도 아니었기에 눈치 봐야 할 것도 없었어요. 그저 우리끼리 해볼 수 있는 것은 다 해보고, 함께 고민하며 하나씩 해결해가는 모든 상황들이 행복했던 것 같아요. 하지만 그만큼 이뤄내지 않으면 더 위험한 것을 알고 있었기 때문에 걱정이 많았는데, 회사가 조금씩 커져가는 걸 직접 눈으로 보게 되니 뿌듯하고 모든 것이 행복했던 것 같네요.

이하늘 개발자님 : 과거에는 저의 행복을 위해 능력을 쌓고 나의 역량을 채우는데 시간을 할애했다면 앞으로는 그것을 주변에 나눠주고 더 나아가서 많은 사람들에게 좋은 영향을 주고 싶어요. 구체적으로는 더 많은 사람들에게 자신감과 성장의 기회를 드리고 싶어요.

정우현 개발자님 : 저 또한 이하늘 개발자가 말씀 해주신 것처럼, 선한 영향력을 주고 싶네요. 저의 선한 영향력은 제가 갖고 있는 개발 지식을 주변에 나눠주는 것입니다. 저는 앞으로 제 주변에 있는 분들이 개발 쪽에 자신감을 가질 수 있도록 최선을 다하려고 합니다.

▶ 소프트스퀘어드 워크샵에서

소프트웨어개발자를 꿈꾸는 청소년들에게

전하실 말씀이 있다면요?

이하늘 개발자님 : 저도 어렸을 때부터 프로그래머를 꿈꿨던 사람으로 가장 먼저 "반갑다"라는 말씀을 드리고 싶어요. 저의 직업이 누군가의 꿈이 될 수 있다는 사실이 뿌듯하고 행복하네요. 지금 시대적 흐름상 소프트웨어개발자는 앞으로도 계속 필요합니다. 그러니 꿈을 포기하지 말고 꿈을 위해서 정진하셨으면 좋겠습니다.

많은 친구들이 어렸을 때부터 프로그래밍을 배우고 잘하길 원하죠. 그러나 IT업계는 특성상 하루가 다르게 신기술이 나와요. 스마트폰이 나온 지도 겨우 10년인걸요. 조만간, 자율주행자동차가 상용화되면서 스마트폰 개발자가 아니라, 자율주행자동차 애플리케이션 개발자가 더 많이 필요하게 될 거에요. 과연 스마트폰 개발을 미리 배우는 게 옳은 걸까요? 그것은 대학에 진학해서 구체적으로 더 준비하면 되는 부분이라고 생각합니다. 지금은 학업에 집중하고, 그 시기에 쌓을 수 있는 경험을 많이 하는 것이 우선이라고 생각합니다. 어렸을 때부터, 수능을 공부하지 않고 프로그래밍만 공부해서 컴퓨터공학과를 가는 분들도 많이 있지만, 개인적으로는 더 많은 분야의 공부를 하고 대학에 가면 좋겠다고 생각합니다. 흔히 '호연지기'라고 하죠. 쓸모없는 경험은 하나도 없어요.

정우현 개발자님 : 어렸을 때부터 컴퓨터 프로그래밍을 공부한 친구들을 많이 봤어요. 그 친구들을 보면서 저는 많은 것들을 깨닫곤 하는데요. 그 중 가장 놀라운 것은 프로그래밍에 대한 지식이 아니라 지식을 얻고자 하는 습관이라고 생각해요. 어렸을 적부터 그것을 탐구하고자 하는 습관을 가진 사람과 그렇지 않은 사람은 천차만별의 결과를 가져오거든요. 결국 우리 청소년 친구들도 소프트웨어 개발에 대한 공부도 좋지만 더 나아가 작은 지식도 얻고 배우고자 하는 습관을 들이길 바라요. 또한 다양한 경험을 하길 바랄게요. 소프트웨어개발자만을 바라보는 것도 좋지만, 다양한 경험을 통해 나에게 맞는 적성이 무엇인지 곰곰이 생각해보았으면 좋겠어요. 지금 학교에서 가르쳐 주는 것들이 쓸모없게 느껴 질 수 있겠지만 살아가면서 다 도움이 되더라고요. 너무 하나만 치중하지 마시고 다양하게 경험하시길 바랄게요.

▶ 매체 인터뷰 중

어린 시절부터 직접 게임을 개발할 정도로 컴퓨터와 게임에 많은 관심을 가지고 있었다. 점차 소프트웨어개발자라는 목표를 가지고 꾸준히 공부하고 노력한 끝에 실력을 인정받아 고등학교를 졸업하기 전, 삼성SDS에 입사하였다. 그러나 일에 회의감을 느껴 퇴사 후 이직하였고, 다양한 경험과 실력을 쌓아서 현재는 크립텍트(cryptect)라는 보안 전문기업의 대표로 활동하고 있다. 게임보안 업계의 성공을 바탕으로 향후 범용적인 보안, 군사기기 보안, IOT, 의료기기, 개인 보안 등 사회 모든 분야에서 업계 최고의 보안업체를 꿈꾸고 있다.

크립텍트(Cryptect) CEO
노현서 개발자

현) Cryptect 대표이사
- Zepetto Co. 본부장
- Zepetto Co. Lead Engineer
- Zepetto Co. Client Engineer
- 삼성SDS Software Engineer
- 울산공업고등학교 졸업
- 지역 공동 영재학교 수석 졸업

소프트웨어개발자의 스케줄

노현서
개발자의
하루

22:00 ~ 23:00
▶ 영어회화 공부
23:00 ~
▶ 취침

08:00 ~ 10:00
▶ 기상 및 식사
▶ 명상 및 운동

18:00 ~ 21:00
▶ 서브 프로젝트
▶ 취미(공부, 프로그래밍 공부 등)

10:30 ~ 12:00
▶ 회의
▶ 해킹에 대한 이슈 파악

13:00 ~ 18:00
▶ 해킹방지업무
▶ 프로세스 구성
▶ 해킹취약점 발견

12:00 ~ 13:00
▶ 점심

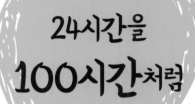

24시간을
100시간처럼

cryptect

▶ 크립텍트 대표이사를 맡고 있다

▶ 예비역 훈련중

▶ 개발 업무 모습

Question 초, 중학교 시절은 어떤 학생이었나요?

어린 시절을 돌아보면 중학교 때까진 조용하고 소심한 학생이었어요. 밖에 나가서 친구들과 어울리기 보단 집에서 컴퓨터를 하면서 보내는 시간이 유독 많았어요. 대부분의 시간을 컴퓨터와 게임을 하면서 보냈어요. 가장 행복한 시간이 게임을 하는 시간이었죠. 얼마나 좋아했는지를 말씀드리자면, 게임 하는 것을 넘어 게임을 직접 만들어보기도 했답니다. 잘 만든 것은 아니었지만 몇몇 프로그램을 응용하여 만들어 보는 시간이 많았습니다.

Question 그럼 이미 중학교 시절부터 소프트웨어개발자가 꿈이셨나요?

사실 중학교 시절까지 소프트웨어개발자가 되겠다고 생각해본 적은 없어요. 다만 게임하는 것을 넘어 게임을 만들기 위해서는 당연히 프로그래밍 공부를 해야 하더라고요. 게임의 전개방식, 게임의 흐름 등 모든 것을 구현하려면 결국 소프트웨어 기술이 필요했으니까요. 그때부터 자연스럽게 프로그래밍을 공부하게 되었어요. 처음에는 전혀 내용을 모르니 하나씩 차근차근 시작했던 것 같아요. 그러다가 고등학교에 입학하고 나서부터 더욱 본격적으로 공부를 하게 되었죠.

Question **고등학교 때부터 많은 변화가 있었다고요?**

    고등학교 때부터 성격과 사고방식에 많은 변화가 있었어요. 중학교를 졸업하기 전까지는 관심 있는 분야도, 뚜렷한 목표도 없었어요. 그래서 어린 나이에 인생을 도피하려고 했던 것 같아요. 그 도피처로 선택한 것이 컴퓨터 공부를 하며 게임을 만드는 것이었죠. 그런데 중학교를 졸업할 때 즈음 부모님께서 책을 한 권 주시더라고요. '꿈꾸는 다락방'이라는 책이었는데요, 이 책 내용 자체에 대해서는 지금 생각해보면 동의하지 못하는 부분들도 다소 있지만, 당시 그 책을 읽으며 내가 가진 꿈, 흥미, 재능, 나의 인생을 다시 한 번 생각해보게 되었어요. 그래서 중학교 겨울방학을 시점으로 진지하게 꿈과 목표가 무엇인지 고민했어요. 그렇게 인생의 목표와 꿈이 결정되었고, 결국 그 목표를 달성하기 위해 소프트웨어 관련 기술을 본격적으로 공부하며 그와 관련된 것들도 열심히 준비했어요.

Question **소프트웨어개발자가 되겠다고 부모님에게 말씀드렸을 때, 반대는 없었나요?**

    당시 부모님이 사주신 책을 계기로 소프트웨어개발자라는 1차적인 목표가 생겼지만, 막상 소프트웨어개발자가 되겠다고 말씀드리자 부모님께서 많이 반대하셨어요. 부모님은 막연하게 의사나 판사가 되길 바라셨던 것 같아요. 특히 예전에는 소프트웨어개발자라는 인식이 별로 안 좋았기 때문에 소위 말하는 '밥 빌어먹고 살아야 한다, 3D 직종이다.'라는 생각이 크셨던 것 같아요. 그럼에도 당시 저는 인생의 목표와 살아가는 이유는 스스로 결정하는 것이라고 생각했고, 부모님의 반대를 신경 쓰지 않고 오히려 더 노력하고 성과를 만들어냈죠. 결국 부모님도 인정해주시며 그때부터는 전폭적으로 지지해주셨습니다.

부모님의 반대를 어떻게 극복하셨어요?

당시 고등학생인 제가 특별히 할 수 있는 건 없었더라고요. 어떻게 하면 꿈을 계속 이어나갈 수 있을지 생각했어요. 답은 한가지였죠. 그저 열심히 하는 것이었어요. 하루, 이틀, 점점 시간이 지날수록 진지하게 공부하는 모습, 꿈에 대해 자신 있게 이야기하는 모습을 보여주고, 작지만 외주활동을 통해 돈도 벌기 시작하면서 조금씩 이해해주시기 시작한 것 같아요. 고등학교에 입학할 때 즈음 가정형편이 넉넉하지 않았음에도 불구하고 당시 엄청 비싼 좋은 컴퓨터를 사주셨어요. 그래서 스스로도 더 동기부여가 되었고 의식적으로 더 노력하고 열심히 했던 것 같기도 해요.

Question 현실 앞에서 좌절 할 뻔 했다고요

당시 소프트웨어개발자를 넘어서 '영화나 소설에서나 나오는 가상현실을 현실에서 직접 구현하거나 미래에 진행될 그런 프로젝트의 리더가 되자.'라는 구체적인 꿈이 있었어요. 그러려면 기술력과 능력뿐만 아니라 지능, 명성, 금전적인 것 등 모든 것이 있어야 현실로 구현이 가능하다는 생각이 들었어요. 그것을 깨닫고 제대로 공부를 시작해보니 이미 세상에는 저보다 더 대단한 분들이 많더라고요. 저보다 훨씬 어린 시절부터 비슷한 꿈을 위해 노력하신 분, 이미 재능이 뛰어나신 분, 금전적인 여유가 되는 분들을 보면서 조금은 괴리감이 생기기 시작했어요. 제 꿈은 컸지만, 재능도 여유도 없었거든요. 그래서 '이걸 어떻게 극복할 수 있을까?' 항상 고민했어요. 더 노력하고 열심히 하면 된다는 단순한 생각으로는 해답을 찾기가 힘들었어요. 저는 이제 막 시작하는 사람인데 그 격차가 너무 크다고 생각했죠.

이 문제를 해결하기 위해 좀 더 깊이 있게 생각하기 시작했죠. 이미 저보다 앞서 나간 사람들을 따라잡으려면 그 사람들과 똑같은 시간을 투자해서는 안 된다고 생각했어요. 오히려 뒤처지면 뒤처졌지 절대 따라잡을 수 없을 거라는 것을 인정하기 시작했어요. 그래서 나온 결론은 시간을 들여 노력하고 공부할 때, 그 효율성을 높이는 것이었죠. 모두에게 주어진 24시간을 효율성 있게 사용해 60시간, 100시간 같이 사용한다면 충분히 승산이 있을 거라고 생각했어요. 그때부터 세계적으로 유명한 천재들, 성공한 사업가들이 쓴 책과 정보를 바탕으로 두뇌훈련을 연습하고 그들의 생각과 습관을 나름대로 분석해서 가장 유용할 것이라고 생각되는 방법론을 만들었습니다. 처음에는 이제까지 살아오던 방식, 사고방식, 습관의 차이 때문에 너무 힘들었지만, 그럴 때마다 더욱 의식적으로 하고자 노력했어요. 그렇게 시간이 지나다 보니 그런 생활 습관이 몸에 배게 되었어요. 특히 성격과 사고방식이 정말 많이 변했어요. 집중력도 향상되고, 다양하게 사고하는 방법을 익히게 돼서 학업성적도 좋아지기 시작했어요. 무엇보다 프로그래밍에서 빛을 보기 시작했어요. 남들과 시작점이 달라서 뒤처졌다고 생각했지만, 그 후 배우는 프로그래밍 과정은 점차 쉬워지는 걸 넘어 사고를 통해 문제해결을 해야 하는 부분에서는 이전의 저와는 비교 할 수 없을 정도로 좋은 성과를 일궈냈습니다.

노현서 / 크립텍트 대표
▶ 개발업무 인터뷰

▶ 개발 모임 중

▶ 개발회의 진행

삼성을 포기하고
창업에
도전하다

Question **고등학교 3학년** 삼성을 입사하셨다고요?

사고방식을 바꾼 후, 많은 것들 얻었고 소프트웨어 개발력도 상당히 상승되었습니다. 감사하게도 주위의 평가도 좋았고 모두가 인정해주기 시작한 시기였어요. 하지만 그럼에도 불구하고 저는 항상 만족하지 못했던 것 같아요. 마음 한 편에는 불안함이 있었어요. 지금 잠깐의 칭찬만으로 제가 최고로 잘한다고 생각하지 않았어요. 그때부터 현직, 현업에서 어떤 일을 하는지, 어떤 업무를 하는지 구체적으로 알고 싶었어요. 프로그래밍은 해보았으니 실무를 경험해보고 싶었고, 분명 다를 것이라는 생각이 들었죠. 그러던 중 고등학교 3학년 때 운명처럼 삼성 기업체의 공공채용의 기회를 잡게 되었죠. 과정은 순탄치 않았지만, 결과적으로 고등학교 3학년 때 삼성SDS에 당당히 합격을 했죠.

Question **삼성SDS에서** 꽤 좋은 대우를 받았다고 들었어요

고등학교 때부터 외주활동을 이미 진행했었던 경험도 있었지만, 정식으로 소프트웨어개발자가 된 것은 삼성SDS 들어가면서부터였어요. 당시 저는 실제 거주지가 울산이기도 하고 나이도 어렸기 때문인지 좋은 대우를 받았다고 생각해요. 통근이 불가능하기 때문에 회사에서는 숙소를 제공해주기도 하고 업무환경, 보수 등 모든 부분에서 당시 최고의 대우를 해주셨다는 생각이 듭니다. 참으로 감사한 일이었어요.

회의감, 그리고 퇴사를 결심하셨다고요?

삼성SDS에 입사할 당시 저는 고등학교 졸업도 안한 채, 울산에서 서울로 올라오게 되었어요. 지방에서 서울로 가는 것은 성공했다는 느낌을 주었죠. 저와 부모님 심지어 친구들까지도 엄청난 성공을 한 것처럼 여겼어요. 게다가 어린 나이에 회사에 입사하여 좋은 대우도 받았으니 이미

모든 것을 이룬 것 같았고, 궁금했던 현업의 일들, 대기업의 프로세스들을 알 수 있었던 시간이었기 때문에 막연한 불안감이 해소되는 듯 했어요. 그렇게 1년이 지난 후, 문득 그 시간을 돌아보니 불안감이 완전히 해소되기는커녕 더 커져 있다는 걸 느꼈어요. 쳇바퀴 같은 일에 대한 회의감도 들었죠. 하드 트레이닝을 바라는 저에게는 비교적 낮은 강도의 일이었던 것 같아요. 그래서 결국 퇴사를 결심했었습니다.

퇴사를 한다고 했을 때 주변의 만류가 심하진 않았나요?

Question

그렇게 삼성을 그만둔다고 말했을 때, 정말 많은 반대가 있었어요. 가족, 친척, 친구 너나 할 것 없이 모두가 "그 대기업을 누구는 못가서 안달인데 너는 그만두려고 하냐, 너무 어려서 잘 모른다."라고 말했죠. 근데 저는 그때 이미 확고한 미래를 그리고 있었고, 반대가 있다고 해서 굽히거나 할 생각이 전혀 없었어요. 오히려 나가서 지금보다 실력을 훨씬 더 키운다면, 훗날 상황에 따라 다시 들어갈 수 있다고 생각했습니다. 반대로 지금 그리는 미래는 지금이 아니면 못한다고 생각했죠. 그래서 저는 주변 반대를 무릅쓰고 퇴사를 결정했고 다른 회사에 이직하여 경험과 실력을 키울 수 있었죠. 그 결과 지금은 이렇게 한 회사의 CEO가 되었습니다.

Question 회사 소개를 해주세요

저희 회사는 '크립텍트'라는 보안전문기업입니다. 현재 게임 시장은 날로 커지고 있습니다. 많은 분들이 게임을 좋아하고, 즐겨 하고 있습니다. 하지만 간혹 일명 '핵 유저'로 인해 게임을 사랑하는 많은 유저들이 스트레스를 받고 있습니다. 저희 회사는 게임 유저가 치팅 유저로 인해 불쾌할 일이 없는 쾌적한 게임 환경을 만들기 위하여 정말 많은 노력을 기울이고 있습니다. 또한 해킹 툴에 대한 효과적인 대응을 위해 해킹 대응이라는 것이 무엇이고 최종적으로 어떠한 것을 목표로 해야 하는지 바닥부터 고민하여 새로운 방법론을 정의하였습니다. 해킹 툴을 기술적으로 막는 것에만 집중하면 결국 끝나지 않는 창과 방패의 싸움이 될 뿐입니다. 기존 업계에서 주로 사용해 온 대응 방식에 더하여 해커의 의도와 목적을 파악하고 전략적으로 해커와 해킹 툴 사용자 간의 신뢰를 무너뜨리며, 해커가 해킹 툴을 개발, 홍보, 판매 및 배포하는 행위를 방해함으로써 해커의 손익분기점을 붕괴시켜 자연스럽게 핵 생태계를 없애려고 노력하고 있습니다. 장기적으로는 IT 프로젝트 범위를 넓히고 싶어요.

Question 게임보안을 선택한 계기가 있나요?

여러 경험을 하면서 관심 있는 분야가 많았지만, 게임보안 쪽이 IT 기술 쪽에서는 상당히 높은 난이도에 해당한다는 것을 인지하게 되었어요. 제 주관적인 생각으로는 난이도 측면에서 상위 3위안에 드는 IT 분야라고 생각해요. 그래서 더 끌렸던 것 같아요. 어려워서 더 흥미를 느꼈고 또 그것을 해결했을 때 더 큰 희열을 느꼈죠. 게임보안 쪽에서는 해커랑 최전선에서 싸우게 돼요. 일반적인 방법론이나 프로세스에서는 해커가 못 뚫게 방어벽을 설정하면 해커도 재밌다는 듯 그것을 분석하고 깨뜨리죠. 그럼 또 보안 인력들이 다른 방어벽을 설정하게 되고 이러한 과정들이 무한 반복되는 개념입니다. 마치 바둑과 같이 두뇌 싸움을 하게 되는 것이죠. 그래서 더욱 흥미를 느꼈던 것 같아요.

소프트웨어개발자이자 대표님으로서
꿈꾸는 미래가 있을까요?

　제가 게임보안 분야를 시작한 계기는 다양하지만, 그 중 가장 큰 이유는 자신을 더 어려운 난이도의 업무에 몰아넣고 불편함을 마주하며 이를 이겨내면서 더 큰 지능적, 능력적 상승이 가능하다는 점이었어요. 어렵다고 정평이 나있는 게임보안 분야에서 인정받고 성공을 한다면, 그 과정 중에 상승된 지식과 능력을 가지고 다른 보안 분야뿐만 아니라 다양한 IT분야로 나아갈 수 있을 거라는 확신이 들었죠. 물론 아직도 보완하고 나아가야 할 길이 정말 많습니다. 아직 시작일 뿐이니까요. 그래도 목표가 있다면 게임보안 업계에서 목적을 달성한 후에 이를 시작으로 하는 범용적인 보안, 군사기기에 대한 보안, IOT, 의료기기, 사회 개인의 보안 등등 모든 분야에 진출해서 더욱더 개인과 회사의 능력을 키우고 싶습니다.

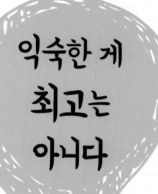

익숙한 게
최고는
아니다

▶ 개발 업무를 하면서

노현서 / 크림텍트 대표

▶ 인터뷰 중

▶ 회사가 성장하면서 잦아진 인터뷰

Question 게임보안회사의 업무 특성은 무엇인가요?

　스타트업의 특성상 업무가 바쁜 편에 속하기도 하고 게임보안회사 업무 특성상 쉬는 시간이 없어요. 언제 해킹사례가 나올지 모르고 계속 더 좋거나 복잡한 방식의 보안을 설계해야 하기 때문에 더욱 그렇죠. 그래서 아이디어 회의, 해킹 취약점 회의를 통해 사람들과 자주 소통하고 있고, 개발할 때는 최대한 스트레스를 덜 받도록 하고 있죠. 저희 회사는 아직 복리후생이 많이 부족한 것 같아 그 부분에서 노력하고 있어요. 또 언젠가 개발자들에게 충분한 보상을 해주기 위해 더욱 큰 회사가 되려는 노력도 하고 있죠. 지금은 조금 힘들지도 모르지만요. 다행인 건 제가 대표로서 직원들과 공동의 목표를 가지고, 그 목표에 도달하기 위한 방법과 방향 등을 공유하고 이해하며 좋은 관계를 형성하고 있다는 점이에요.

Question 직원들에게 가장 많이 하시는 말씀이 있다고 들었어요.

　'익숙한 게 최고는 아니다'라는 말을 정말 많이 강조해요. 익숙해지면 나태해지기 마련이잖아요. 무엇보다 특정한 방식과 업무에 익숙해져 그것만 반복하면 그만큼 발전은 더뎌져요. 이것이 소프트웨어개발자에게는 정말 위험한 것이라고 생각해요. 따라서 익숙해지면 더 뛰어난 결과를 낼 수 있지만, 계속해서 더 어려운 방식으로 바꾸면서 이러한 긍정적인 방향으로의 불편한 점을 찾아내도록 하고 있어요. 처음에는 불편할지라도 결국 익숙해질 것이고, 이것이 끊임없이 발전하는 데 좋은 습관이 될 거라고 생각해요.

개발자가 되어서 새롭게 알게 된 점이 있을까요?

중고등학교 시절 제가 소프트웨어개발자라는 꿈을 갖고 있을 때에는 개발자라는 직업의 인식도 좋지 않고 그 꿈을 꾸는 학생들도 많지도 않았어요. 그래서 어렸을 적에는 개발자라는 직업이 굉장히 특수한 직업이라고 생각했었어요. 특수한 공부를 하고 있고 특별한 사람이라고 생각했죠. 심지어는 멋있다는 생각까지 했거든요. 그런데 현직에서 실제 업무를 하며 같은 분야에서 일하는 사람들과 다양한 경험들을 하다 보니 인간이라면 누구나 할 수 있는 직업이라는 사실을 알게 되었어요.

Question **다른 사람이 소프트웨어개발자가 된다면** 말리시겠어요?

자신의 꿈이 소프트웨어 개발과 관련된다면 언제든 환영하며 찬성입니다. 정말 성취감도 높고 재밌는 직업이라고 생각하니까요. 그러나 꿈과 상관없이 그저 '조금 뜨는 직업이니까 해볼까?' 하는 생각으로 오시는 분께는 별로 추천하지 않습니다. 일단 시간적으로 손해를 볼 수밖에 없어요. 배워야 하는 것도 많고 알아야 할 것도 많기 때문에 웬만한 노력으로는 도전하기 힘들거든요.

사실 소프트웨어 개발이라고 따로 떼어놓고 생각해본 적은 없어요. 중학교 시절부터 항상 제가 했던 일이라서 더 그런 것 같네요. 그래서 어떤 것이라고 말씀드리기가 참 어렵네요. 다만 제가 앞으로 살아가는데 저의 제 1 능력이라고 생각해요. 저라는 사람의 기본적인 코어능력이고 이 능력을 기반으로 여러 가지 무수한 것들을 할 수 있고 만들 수 있기 때문입니다. 저의 경쟁력이자 가장 큰 무기라고 생각합니다.

Question 소프트웨어개발자를 꿈꾸는 청소년들에게 해주실 말씀.

조금은 뻔하지만 제가 정말 많이 말하는 내용이 있어요. "소프트웨어개발자를 꿈꾸는 사람이 있다면 누구나 될 수 있다." 입니다. 누구나 원하고 도전한다면 그 꿈을 이룰 수 있고 그것이 소프트웨어개발자라면 더더욱 가능하다고 생각하다고 생각합니다. 다만, 뛰어난 소프트웨어개발자가 되려한다면 노력하셔야 해요. 같은 일을 똑같이 10년 간 한다고 해서 모두가 똑같은 결과를 얻지는 못해요. 10년 후 누군가는 세계 최고가 되어 있을지도 모르지만, 다른 누군가는 도태되어 있을지도 모르죠. 그렇기 때문에 끊임없이 노력해야 하는 거죠. 저는 여러분이 세계 최고가 되길 바라요. 그리고 자기한테 익숙한 상황을 벗어나세요. 익숙한 것은 좋지 않습니다. 익숙하다고 느끼는 것은 우리 몸이 지금 현재가 좋지 않다고 신호하는 것입니다. 익숙한 것에서 벗어나 불편해지세요. 그리고 그 불편함을 내 능력으로 만든다고 생각하며 체득하세요. 그게 곧 여러분의 능력을 한층 성장시켜줄 겁니다.

학창시절 좋은 성적을 유지할 정도로 모범생이었으며, 서강대학교 아트&테크놀러지학과, 지식융합미디어학부에 진학하였다. 디자인에 매력을 느껴 디자이너의 길을 걸었으나, 적성과 흥미에 맞지 않아 고민하던 중 소프트웨어 개발을 접하였다. 그 후 소프트웨어 개발공부를 하며 경력을 쌓아갔고 미국, 일본 회사에서 웹 프론트엔드 개발자로 일하였다. 현재는 프레스토 랩스(Presto Labs)에서 웹 프론트엔드 개발자로 활동하고 있으며, '김버그' 라는 유튜브 채널을 통해 개발에 관심을 가진 사람들과도 소통하고 있다.

- -

웹 프론트엔드 개발자
노우현 개발자

현) Presto Labs, Software Engineer
- 구름에듀, HTML & CSS는 재밌다 온라인 강의 런칭
- 김버그 유튜브 채널 개설
- BoostIO, UX Developer
- Revisolution PBC, UX Developer
- 멋쟁이 사자처럼 프론트엔드 개발자 및 강사
- 서강대학교 아트&테크놀러지학(Art&Technology)
- 부산국제외국어고등학교 영/중국어과 졸업

소프트웨어개발자의 스케줄

노우현
개발자의
하루

* 수요일은 재택 근무 데이

19:00 ~ 24:00
▶ 개발 공부 및 웹 개발
▶ 유튜브 관리

07:30 ~ 10:00
▶ 기상
▶ 인강 공부
▶ 출근 준비

15:00 ~ 18:00
▶ 업무 처리
18:00 ~ 19:00
▶ 퇴근

10:00 ~ 11:00
▶ 태스크 확인, 코드 확인,
코드 변경 사항 확인
- 코드 리뷰(다른사람이
쓴 코드 읽으면서
리뷰해서 코멘드 달고
코드 승인)

13:30 ~ 15:00
▶ 기획자, 디자인팀과
회의 및 미팅
(일주일에 2번 정도)

11:00 ~ 12:30
▶ 업무처리
12:30 ~ 13:30
▶ 점심

수능을 목표로 달려왔던 모범생

▶ 아기시절

▶ 유치원 때

▶ 대학교 때

유년시절은 어떠셨나요?

학창시절의 저는 너무 나서지도 조용하지도 않은 평범한 학생이었어요. 모든 학생들과 두루두루 친했고 많은 분야에 관심과 호기심을 가진 학생이었어요. 하지만 자존심 하나는 무척 강했어요. 무시당하는 것이 싫어서 공부도 열심히 했고, 소위 말하는 센 척도 조금은 하지 않았나 싶어요.

중학생 때 외국어고등학교에 가기로 결심했어요. 당시 중학생들끼리의 은근한 기싸움이 있었는데 그게 정말 싫었거든요. 외국어고등학교에서는 그런 일 없이 인생의 목표인 수능만을 바라보며 공부할 수 있을 거라고 생각했었죠.

Question **학창시절 엄청난** 모범생으로 유명했다고 들었어요

부모님의 영향이었을까요? 학창시절 저는 수능을 목표로 삼고 있는 지금 학생들과 다르지 않았어요. 어떻게 보면 수능 하나만 보고 살아왔다고 해도 과언이 아니죠. 지금 생각해보면 터무니없지만, 그 당시에는 수능에서 좋은 성적을 거두어 좋은 대학에 가기만 하면 그 이후의 삶은 행복 그 자체일 거라고 굳게 믿었어요. 믿음의 수준은 종교인과 비교해도 섭섭하지 않을 정도였어요. 단 한 번의 의심이나 질문도 없이 오직 하나의 '정답'만을 향해서 맹목적으로 달린 덕분에 공부 하나는 제대로 집중할 수 있었고, 항상 최상위권 성적을 유지했었습니다. 결과적으로 수능은 전체에서 총 4개를 틀렸어요. 그래서 엄청난 모범생으로 소문이 났던 것 같아요.

Question 그런 성적을 유지하는데 힘들진 않으셨나요?

솔직히 말씀드리면 그때는 힘든지도 몰랐어요. 당연히 가야 하는 길이고 이 길 말곤 살아야 할 이유가 없다고 느꼈으니까요. 숨쉬기 힘들다고 숨을 안 쉬진 않잖아요? 마찬가지였어요. 당연히 힘든 거고, 그래서 당연히 버텨야 하는 것이고, 못 버티면 나오자라고 생각했죠. 물론 성적이 제 뜻대로 오르지 않을 때나 신체적인 부분에서는 많이 지치고 힘들었어요. 하지만 정신적인 부분에 있어서는 오히려 편했던 것 같아요. 적어도 삶의 방향성에 대해서는 한 치의 고민도 없었으니까요. 오히려 정말 힘들었던 건 대학에 입학한 후, 그 모든 것을 다 참고 이겨낼 수 있게 해준 제 '목표'가 거짓이었다는 것을 알게 되었을 때였어요.

Question 대학에 입학한 후 그런 생각이 들었던 이유가 무엇인가요?

대학에 입학하면서 정말 큰 무력감을 느꼈어요. 내가 가고 싶은 대학에 차석으로 입학했는데 공허한 마음이 들었어요. 입학식 때에는 '이렇게 계속 같은 방식으로 살다가는 망할 것 같다'라는 생각이 들기도 했어요. 제가 그토록 믿어온 '행복'이란 것은 어디에도 없었어요. 행복은커녕 또 다른 형태의 경쟁심과 열등감, 질투로 오히려 마음은 더 초조하기만 했죠. 다른 동기들보다 뛰어나고 싶은 마음에 이것저것 시도를 했지만 어떤 것에도 끝까지 집중을 못했어요. 그것들을 성취했을 때의 모습이 기대하던 모습과 다를 때 찾아오는 두려움과 거기서 느끼는 허무함을 견딜 자신이 없었죠. 그러다보니 학업도 노는 것도 어느 것 하나 제대로 집중할 수가 없었고, 결국 도피처로 긴 휴학생활을 보내게 되었어요.

Question 어떤 점이 가장 힘들었나요?

중, 고등학교 때는 목표가 너무나 정확하고 확고했어요. '수능'이라는 목표만을 보고 달렸고 목표가 정확하니 흔들리거나 혼란스러울 일이 없었죠. 하지만 이제는 달랐어요. 정확한 목표가 없고 아무도 저에게 꿈을 강요하지 않으니  항상 혼란스럽고 '틀릴까봐' 두려웠어요. 하지만 가장 힘들었던 건 제가 정말로 원하는 게 무엇인지 모르는 것에서 오는 방황이었어요. 뭔가 하나에 꽂히면 그걸 완벽하게 해낼 계획은 혼자 머릿속에서 다 그렸지만, 막상 해보고 생각과 다르면 포기하고 도망쳤죠. 그런 방식으로 늘 도망치는 삶을 살았어요. 학교도 잘 나가지 않고 계속 집 안에만 틀어박혀 있었죠.

Question 대학은 무슨 과였나요?

서강대학교 아트&테크놀러지학과, 지식융합미디어학부에 입학했어요. 제가 입학할 당시 처음으로 개설된 학과였고, 문/이과, 예체능, 일반고 구분 없이 모두가 지원할 수 있었어요. 그러다보니 공부뿐만 아니라 자신이 좋아하는 것이 무엇인지 알고 그와 관련된 여러 경험을 한 친구들이 많이 모였어요.

수업은 다양한 재능 가진 친구들이 함께 모여 영화 제작, 연극 제작, 서비스 기획, 디자인 등 다양한 프로젝트를 수행하는 방식으로 이루어졌어요. 그러다보니 자연스럽게 각자 한 가지 파트를 도맡아 진행해야 했었는데, 저는 디자인이 눈에 들어왔어요. 특별한 이유는 없고, 그냥 제 손으로 예쁘고 정돈된 무언가를 만든다는 게 매력적으로 느껴졌거든요. 무엇보다 컴퓨터로 작업을 하다 보니 실패해도 언제든지 되돌릴 수 있다는 점이 좋았어요.

디자인 공부는 어땠나요?

디자인을 좋아했고 더 잘하기 위해 노력했지만 그래도 항상 불안했어요. 왜냐하면 제 디자인은 스스로 창작해 낸 결과물이 아니라, 다른 사람의 디자인을 보고 짜깁기한 것뿐 이라는 느낌을 지울 수가 없었거든요. 게다가 디자인 공부를 하면 할수록 새로운 것을 알 아간다는 느낌보다는 밑 빠진 독에 물 붓는 기분이 더 강했어요. 그리고 '내가 할 수 있는 디자인만 하는 디자이너가 좋은 디자이너일까?'하는 회의감도 자주 들었습니다. 하지만 그런 생각에도 불구하고 3년이나 디자인을 계속 했어요. 노력하면 잘 될 거라는 기대도 없진 않았지만, 무엇보다 디자인을 그만두면 당장 무엇을 해야 할 지 막막해 그 이상은 생각하고 싶지가 않았거든요.

▶ 공간의 제약 없이 업무를 보는 모습

▶ 일본에서 근무했을 때

▶ 자유로운 근무

Question 　**디자이너를 그만두게 된** 이유가 무엇인가요?

　　불안감을 지우기 위해서 정말 많은 노력을 했어요. 그 중 가장 노력한 부분은 성실해지는 것이었어요. '모든 일을 끝까지 하기', '약속한 일은 다 처리하기' 등 모든 일에 소홀히 하지 않고 주어진 일에 최선을 다하기로 마음을 먹고 모든 일에 최선을 다하게 되었어요. 점점 불안감이 사라지는 것만 같았어요. 이게 변화라고 생각했죠.

　　그러던 2015년의 어느 날, 디자인 작업 외주를 받아 일을 처리하던 참이었어요. 작업을 하려던 중, 문득 스트레스가 최고조에 다다른 제 모습을 느끼게 되었죠. 더 이상 디자인이 하고 싶지 않았어요. 이걸 잘하고 싶다, 혹은 어떻게 하면 더 잘할 수 있을 지에 대한 생각은 하나도 남아있지 않았어요. 그저 감정적으로 화가 나고 눈물이 났어요. 그러면서 처음으로 제 3자의 입장에서 저를 객관적으로 바라보게 되었고 그렇게 깨닫게 되었죠.

　　'아 나는 디자인이 맞지 않구나. 의지박약이라서, 끈기가 없어서, 마음이 나약해서가 아니라 그냥 디자인 작업을 계속 하는 건 나랑 안 맞는 구나.' 하고요.

　　그렇게 그 날 바로 디자인 외주 작업을 못 하겠다고 고객사에 연락드렸어요. 그리고 그동안 외면했던 질문들을 진지하게 하나하나 대면했어요.

　　'좋아하는 일을 잘하는 건 정말 큰 축복이다. 하지만 아무리 좋아한다 하더라도, 그리고 아무리 노력한다 하더라도 내가 기대했던 것만큼 재밌지 않거나 잘하지 못할 수도 있는 것 같다.'

　　'어쩌면 내게 있어 어떤 일을 하느냐는 크게 중요하지 않을지도 모른다. 나에게 중요한 건, 무언가를 만드는 일을 하고 싶다는 것과 가치 있는 사람이 되는 것이다. 가치 있는 사람이 되기 위해 노력하고, 노력한 만큼 성취도 얻을 수 있는 그런 일. 내가 잘할 수 있는 일을 찾는 것이지 않을까? 잘하면, 좋아지고 더 잘하고 싶으니까.'

　　'나한테 맞는 일이란 무엇인가? 잘하기까지의 과정이 아무리 힘들고 어려워도, 그래도 끝까지 참고 할 수 있는 일은 무엇일까?'

디자이너를 그만둔 후, 소프트웨어 개발을 하게 된 계기가 무엇인가요?

그렇게 진로 방황을 하던 시기, 우연히 친구와 대화하다 그 친구가 웹 프론트엔드 개발을 공부하고 있다는 소식을 전해 들었어요. 웹 디자인 시안이 실제 웹 브라우저에서 작동할 수 있게 코드를 짜는 것이라 하더라고요. 디자인과 가까이에 있는 일을 하는데 그걸 디자인이 아닌 개발이란 도구로 접근한다는 게 매력적이게 다가왔죠. 그래서 우선 2주 단기 속성 HTML, CSS 주말 워크샵을 수강하며, 소프트웨어 개발을 접해보았어요. 다시는 맞지도 않은 일을 해내기 위해 전전긍긍하며 허송세월을 보내고 싶지 않았거든요. 그 워크샵을 통해 이 길에 확신을 얻게 되었어요. 디자인은 항상 추상적인 느낌이 강했는데, 소프트웨어 개발은 명확 그 자체였죠. 물론 추상적인 개념들도 있었어요. 하지만 대전제가 되는 공리를 받아들이고, 프로그래밍적 사고를 배워나가는 게 너무 재밌는 거예요. 작은 버그를 몇 시간 끙끙거리다 해결했을 때의 희열은 이루 말할 수 없었죠. 무엇보다도 기뻤던 건, '이건 내가 노력을 하면 잘 할 수 있겠다.'라는 자신감이 들었다는 거예요. 그렇게 본격적으로 개발 공부에 뛰어들었습니다.

Question 개발자가 되기로 결심하고 망설인 적은 없었나요?

저에게는 당시 개발을 하지 말아야 할 이유가 너무 많았어요. 우선, 소프트웨어개발자는 대부분이 남자인데, 여자인 제가 잘 할 수 있을지 걱정이 되었어요. 또, 수학을 무척 싫어했던 문과 출신이 할 수 있는 분야가 맞을지도 의심스러웠죠. 게다가 대학교 1학년 필수 교양과목이었던 C언어에서도 좋은 성적을 내지 못했고, 컴퓨터 관련 배경지식도 없는, 디자인을 전공한 제가 컴퓨터 공학 전공자들에 비해 잘 할 수 있을지도 확신이 들지 않았죠. 게다가 주변의 만류도 컸어요. '야 너 그거 못해, 그거 아무나 하는 거 아냐~', '과학고등학교나 컴퓨터공학과 나온 애들이 얼마나 많은데 디자인하다가 개발자를 해 안돼~ 경쟁력없어~', '언니~ 디자인 하던 거나 더 잘해~'등등 주변에서도 개발 공부를 하겠다는 제 결정을 긍정적으로 받아들이진 않았어요.

Question 그럼에도 소프트웨어개발을 하게 된 이유는 무엇인가요?

이 모든 부정적인 생각과 주변의 만류를 뿌리치고 시작할 수 있었던 가장 큰 이유는 '재밌었기' 때문이에요. 여기서 말하는 '재미'란 즐겁고 행복하며 꿈만 같은 그런 재미를 말하는 것이 아니에요. 하다가 막히면 짜증나고 화도 많이 나는데, 그럼에도 불구하고 끝까지 붙잡고 있는 것. 공부를 하다 어려움에 부딪히면 속은 상해도 어떻게든 해결하고 답을 알고자 하는 집요함과 집중력. 여기서 오는 재미를 말합니다.

개인적으로 굉장히 인상 깊었던 사건이 있었는데요. 하루는 카페에서 작업을 하다가 버그가 발생했어요. 그 버그 하나를 해결하기 위해서 모든 에너지를 쏟아 부었죠. 그렇게 버그를 해결하고 보니 6시간이나 지나 있었고, 식사도 화장실도 가지 않은 채 그것만 붙잡고 있었다는 걸 알게 됐죠. 그 때 '아! 이런 걸 재미있다고 하는 건가 보다. 내가 나도 모르게 이 정도로 노력을 할 수 있다면, 하지 말아야 할 이유를 넘어서 못할 이유가 없겠구나!' 하고 깨달았죠.

Question

소프트웨어개발을 시작한 후, 어떤 일들을 하셨나요?

2016년 6월 13일에 본격적으로 개발 공부를 시작했어요. 아직까지도 그 날짜를 잊지 못할 만큼 저에게 있어 개발과의 만남은 우연을 넘어 운명이라고 생각해요. 그렇게 하나 둘씩 공부와 경력을 쌓았고, 2017년 2월 당당하게 개발자로 발돋움 할 수 있는 멋쟁이 사자처럼 팀에 스카웃이 되어 프론트엔드 개발자 겸 강사로 합류하였죠. 그 해 8월에는 미국 스타트업 회사에서 취직을 하면서 본격적인 개발 업무를 시작하게 되었어요. 아주 작은 스타트업 회사라 한 사람이 여러 몫을 동시에 맡아야 했고, 저는 자연스럽게 개발 업무를 넘어 개발 속 디자인까지 함께 맡게 되었어요. 이후 2018년 5월에 일본 스타트업에서 파트타임으로 리모트로 일을 하다, 능력을 인정받아 팀원으로 합류하게 되었고, 10월에 도쿄에 가서 웹 프론트엔드 개발 업무를 진행했습니다. 2019년도에는 복학을 위해 잠시 일을 쉬다가 졸업을 준비하면서 해외 여러 곳을 여행하며 업무를 위탁받아 진행하는 프리랜서의 삶을 보냈답니다. 지금은 짧다면 짧고 길다면 긴 3년차가 되었고, 다양한 업무를 하면서 개발과 조금 더 가까워진 느낌입니다.

현재 하고 있는 일은 무엇인가요?

현재는 프레스토 랩스(Presto Labs)라는 회사에서 소프트웨어 엔지니어(웹 프론트엔드 개발자)로 일하고 있습니다. 본래는 컴퓨터 알고리즘을 이용해서 주식 및 투자를 통해 수익을 창출 퀀트 트레이딩 회사였는데, 사업을 확장해 일반 사용자들도 이용할 수 있는 온라인 선물 거래소의 런칭을 목표하고 있습니다. 그리고 제가 맡은 일은 온라인 선물 거래소에 필요한 모든 웹 프론트엔드 개발을 맡고 있어요. 아무래도 거래소다보니 짧은 시간에 많은 양의 데이터를 처리해야 하고, 보안도 신경써야할 게 많아서 항상 긴장하게 돼요.

앞으로의 목표는 무엇인가요?

대한민국에서 개발을 가장 잘 가르치는 '대한민국 1등 프로그래밍 강사'가 되고 싶어요. 조금 더 구체적으로 말씀드리자면 35살이 되기 전에 강남에 가장 큰 전자 광고판에 "프로그래밍은 김버그!"라고 멋지게 올라가는 거예요. 저는 항상 궁금한 게 많았고 모르는 것을 바로 묻는 학생이었어요. 그럴 때마다 정확하고 속 시원하게 알려주시는 분이 많지 않더라고요. 그래서 제가 그런 강사가 되어 무엇이든 잘 설명해주고, 제 수업을 들은 학생들이 개발을 포기하지 않도록 하고 싶어요. 은유, 비유, 직유 예시 등등 모든 것을 동원해서 아무리 어려운 개념이라 할지라도 각자의 수준에 맞게 이해되도록 설명할 수 있는, 그런 강사가 되고 싶어요. 그러려면 제가 제일 많이 알아야 하기 때문에 지금도 열심히 공부하고 있어요. 나중에 몇 년 후에 제 간판을 강남역에서 찾아봐주세요.

▶ 해외에서 프리랜서로 일했을 때

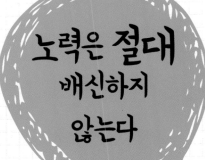

노력은 절대
배신하지
않는다

▶ 여행지에서

▶ SEF2020 개발자 초청

웹 프론트엔드 개발자가 무엇인가요?

일단 간단하게 설명드리자면 "프론트엔드(front-end)와 백엔드(back-end)"에 대한 개념을 이해해야 합니다.

백엔드(back-end)는 쉽게 말하면 서버를 뜻해요. 즉, 백엔드 개발자는 서버 개발자라고 이해하면 됩니다. 백엔드 개발자는 눈에 보이지 않는 서버에서 작용하는 기술을 다루는 사람들이에요. 웹의 경우, 브라우저에서 사용자가 보낸 요청이 날아오면, 해당 요청을 처리할 프로그램이나 DB등을 구축하는 일 전반을 맡습니다.

프론트엔드(front-end)란 사용자(User)의 화면에 나타나 사용자와 직접적으로 인터렉션을 하는 영역을 뜻합니다. 즉, 웹 프론트엔드 개발자는 브라우저에서 일어나는 모든 일을 개발하는 사람들이라 생각하시면 쉽습니다. 가령 버튼을 클릭하니 팝업이 뜬다든가, 사용자에게 입력값을 받고 받은 내용을 정리해서 서버에게 요청을 보낸다든가 등의 작업을 하죠. 백엔드와 가장 큰 차이점은 바로 사용자와 직접적으로 맞닿아 있기 때문에 디자이너와 협업이 잦은 것은 물론 사용자 경험에 직접적인 영향을 준다는 것입니다. 이런 업무의 특성상 프론트엔드 개발자는 개발 스킬뿐만 아니라 디자인적 감각과 UI, UX에 대한 이해도가 필수로 요구되곤 합니다.

웹 프론트엔드 개발자의 구체적인 업무는 무엇인가요?

1차적으로 디자이너가 만든 디자인 시안이 브라우저 내에서 그대로 동작할 수 있도록 코드를 작성하는 작업을 합니다. 정적인 디자인을 동적으로 만드는 작업이죠. 2000년 초중반까지만 해도 프론트엔드 개발자는 데스크탑에서 웹 페이지가 어떻게 보일지만 고려했었습니다. 하지만 요즘은 데스크탑뿐만 아니라 모바일, 심지어 태블릿에서도 웹 사이트가 디자인 레이아웃이 망가짐 없이 잘 작동되도록 만드는 게 기본입니다. 이와 같이 사용자가 이용하는 디바이스의 화면 사이즈에 반응해서 웹 사이트의 디자인과 레이

아웃을 변경하도록 만든 사이트를 반응형 사이트라 합니다.

그리고 자바스크립트로 만들어진 프론트엔드 프레임워크/라이브러리를 사용해서 동적인 웹 서비스를 개발하는 것입니다. 현대의 웹 사용자는 웹을 단순히 정보를 습득하는 것으로 이용하는 것에 그치지 않고 웹, 애플리케이션 혹은 웹 어플리케이션이라 불릴 만큼 다양한 활동과 일을 처리할 수 있기를 요구합니다. 이런 사용자의 요구를 맞추기 위해 웹 사이트의 UI를 동적으로 만들어낼 수 있고, 여러 가지 복잡한 상태를 쉽게 관리할 수 있도록 돕는 것이 바로 프론트엔드 프레임워크/라이브러리입니다. 2020년 기준 React나 Vue, Angular 등이 이에 해당되는데요. 이런 프레임워크를 사용해서 웹 UI를 효율적으로 구현하는 것은 물론, 서버와도 원활하게 통신하여 필요한 데이터와 요청을 주고받는 시스템을 구축합니다.

Question **여성개발자로서** 힘들었던 점이 있었을까요?

제가 4년간 일을 하면서 이상하게 항상 저 혼자 여자였던 곳에서만 일을 했어요. 미리 말씀드리자면 여성 개발자가 없는 것은 아니에요. 요새는 여성개발자도 많이 늘고 있는 추세랍니다. 다만, 전체적으로 보면 아직도 8:2 정도의 비율이긴 해요. 그런데 제가 일했던 곳은 항상 저만 홍일점이었네요. 힘든 점이 없었다면 거짓말이겠죠. 여러 가지가 있지만 가장 힘든 것은 공통 관심사가 많이 달랐다는 점이에요. 저는 기계, 스포츠, 게임 등의 관심이 없지만, 보통 남자들은 좋아하는 관심사죠. 함께 할 수 있는 것에 한계가 있어서인지 때로는 소외되는 느낌을 받곤 했어요.

Question 그럼 여성개발자라서 편견이 있다거나

차별이 있던 적은 없었나요?

다행히 '여성개발자라서 편견을 받았다'라고 느낀 적은 없었어요. 저는 제가 평가받고 싶은 부분에 대해서는 정확하게 피드백 받길 원했어요. 그게 저를 더 발전시키는 부분이라고 생각했죠. 만약 실수한 부분이 있다면 돌려 말해주기 보단 직접적으로 말해주길 바랐고, 그렇게 해주셨어요. 그래서 남자라서 또는 여자라서가 아니라 똑같이 잘하면 칭찬받고, 못하면 혼났기 때문에 편견은 딱히 없었다고 생각해요.

Question 다른 사람이 소프트웨어개발자가 된다면

지금처럼 추천하실까요?

물론입니다. 적극 추천이에요. 특히 '뭐하지, 남들이 다 하는 공무원 준비나 할까?' 하면서 막연하게 공무원 공부하는 분들에게는 적극 추천입니다. 물론 공무원을 진심으로 꿈꾸는 사람이라면 아닙니다. 다만 공무원을 그저 안정적인 직업이라서 막연하게 도전하는 분들, 그리고 그 분들 중에 개발에 조금이라도 관심이 있는 분이시라면 꼭 웹 개발에 도전하시길 바랍니다. 중고등학생 분들도 포함이고요. 제 주변에 공무원 시험을 준비하는 친구들이 여럿 있는데요, 그 친구들 보면서 그 많은 양의 공부와 노력을 해낼 각오가 되어있다면 그 노력으로 차라리 웹 개발을 공부하는 게 좋지 않을까라는 생각을 하곤 합니다.

그렇다면 지금 문과생도, 비전공자도 늦지 않았나요?

당연히 늦지 않았어요. 늦었다는 말 자체가 어불성설이죠. 그런 걱정보다는 그냥 내가 이걸 끝까지 할 수 있을지 고민해보면 될 것 같아요. 저는 끝까지 버티는 것의 힘을 믿는 편이거든요. 끝까지 버티면 어느 순간 절대적으로 쌓이는 무엇인가가 있기 때문에 끝까지 한다면 성공 못 할 수 있는 일은 없다고 생각해요.

끝까지 해서 성공한 경험이 있나요?

개인적으로 굉장히 의미 있던 경험을 하나 공유하고 싶은데요. 이 경험을 통해 저는 노력은 배신하지 않는다는 걸 가슴 깊이 새기게 되었거든요. 2011년에 출시된 6월 평가원 시험은 정말 쉬웠어요. 저희 학교에서 언어, 수리, 외국어 만점자가 1/3이나 나왔죠. 하지만 이 때 저는 언어는 80점 초반 대, 수리는 2등급 턱걸이를 했어요. 제가 원하는 대학에 가려면 턱도 없는 성적이었죠. 그래서 수시 원서를 되는 대로 집어넣고, 여름방학 때 수능공부에만 몰두했어요. 그랬더니, 고등학교 3년동안 단 한번도 일어나지 않았던 기적이 9월 평가원 모의고사 때 일어나는 거예요. 언어, 수리, 외국어 만점. 수능 직전 10월 모의고사는 총 2개를 틀렸고, 앞서 말씀 드렸듯 수능에서는 총 4개를 틀렸습니다. 수능 4개만을 틀렸을 때 가장 크게 느낀 점이 바로 이것이었어요. '하면 다 되는구나. 아무리 더뎌보여도 버티면 되는 구나. 이 세상에서 안 되는 건 없구나.' 이런 생각들이 지금 삶을 살아가는데 엄청난 도움이 돼요. 정말 안 될 것 같은 일을 만날 때 그때의 일을 떠올리며 열심히 하게 되더라고요. 개발을 하기엔 너무 늦었다는 생각이 저라고 왜 안 들었겠어요? 하지만 '그래, 죽이 되든 밥이 되든 3년만 버텨보자. 그러면 최소한 개발이 내가 맞는지 맞지 않는지는 정확하게 판단이 될 거니까. 할까 말까 고민하면서 시간을 보내는 것보다 그게 더 합리적이야.'라고 생각하며 도전했답니다.

노우현 개발자님의 좌우명이 있을까요?

'존버는 승리한다.' 입니다. 끝까지 버티고 반복하고 목표만을 향해 꾸준히 노력하면 무엇이든 된다는 것은 수능을 넘어 세상을 살아오면서 얻은 가장 큰 교훈이었어요. 그런 교훈이 개발자가 될 수 있었던 동력이었어요. 저는 개발과 전혀 연관이 없던 사람이었어요. 단지 개발을 공부하다 아무리 어려운 내용을 맞닥뜨려도 끝까지 하려고 하는 '오기'가 있었고, 해결했을 때의 '희열'이란 보상이 여기까지 저를 이끌어왔다고 생각해요. 그 일련의 과정들이 재밌었거든요. 저는 '재미' 하나만을 보고 이 길을 택했기 때문에 나만의 길을 만들어나가고 있다고 생각하지 않았어요. 그런데 뒤돌아보니 나만의 길이 이미 만들어져있고 만들어 가고 있더라고요. 그래서 저는 꿈을 선택할 때 적성, 재능도 중요하지만 '흥미'가 가장 중요하다고 생각해요. 끝까지 붙잡고 있는 흥미라면 그게 진짜 좋은 신호거든요. 그런 작은 흥미로 끝까지 버티면 승리 못할 꿈과 이유는 없을 것 같아요.

소프트웨어개발자를 꿈꾸는 청소년들에게 해주실 말씀이 있나요?

청소년 학생들에게 웹 개발자는 생소한 영역이라고 생각했어요. 그래서 요새 인기가 많아졌다는 것이 신기할 따름이에요. 왜 개발자를 꿈꾸는지는 모르겠지만 개발자가 하는 것은 결국 창작 활동이에요. 프로그래밍 언어라는 도구를 이용해서 웹 서비스를 만드는 것이죠. 그래서 자기가 문과였는지 이과였는지 중요하지 않아요. 더 나아가 내 자신이 이걸 잘하는 재능을 가졌는지 아닌지, 자신의 과거가 어떻고 자신의 가정환경은 어떻고 하는 것에 얽매이지 않았으면 해요. 그저 자신이 할 수 있는 다양한 창작 활동을 해보고 그 과정에서 재미를 느끼는 것만으로도 좋은 시작이라 생각합니다. 개발을 떠나서 여러분이 그 무엇이든 그 영역에서 재미를 느끼는 순간, 준비를 위한 공부를 하고 시작하면 됩니다. 공부하고 시작하면 무엇이든 될 수 있어요. 그러니 괜한 걱정과 불안에 사로잡히지 말고 나의 재미를 알아보고 그것에서 자신의 꿈을 찾고 앞으로 나아가시길 바랄게요.

노우현 개발자님에게 소프트웨어개발자란?

저에게 소프트웨어 개발이란 저를 끊임없이 자극하는 끝이 나지 않는 공부라고 생각해요. 저도 소프트웨어 개발이 참 재밌지만 때론 스트레스를 받아요. 항상 재밌다면 당연히 거짓말이죠. 좀 잘하나 싶다가도 모르는 것이 수두룩 생기고, 업무 중 큰 버그가 생기면 스트레스와 압박도 받아요. 하지만 이는 긍정적으로도 해석할 수 있는 부분이 있어요. 공부할 게 있다는 것은 다시 배울게 있다는 것이고, 그걸 배우기만 하면 저의 가치는 점점 높아질 거고 거기에서 재미를 찾는 것 같아요. 새로운 것을 배우면서 제가 성장해가는 거죠. 그리고 매년 새로운 기술 스택이 나오는 프론트엔드 분야라 벅차긴 하지만, 대부분 새로 배우는 것들이 어렵다기보다 이전에 사용하던 방식을 보다 더 효율적이고 쉽게 처리할 수 있도록 도와주는 신개념이 많아 막상 공부하다보면 재밌더라고요. 저도 몰랐던 기존 방식의 문제를 해결해주는 느낌이랄까? 그러면서 그런 새로운 솔루션을 내놓는 사람들에 대해 감사한 마음을 항상 가지곤 합니다.

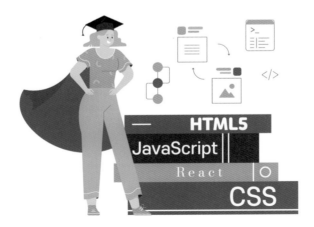

어릴 적, 조용하고 내성적인 성격으로 상상하는 것을 즐겼다. 고등학교 때까지 장래희망을 찾지 못한 채, 경기대학교 재료공학과에 진학하여, 자동차 회사에서 재료공학과 관련된 연구를 했다. 그러나 적성과 흥미에 맞지 않아 이직을 결심하고, 서른 살, 늦깎이로 애플리케이션 개발을 시작하였다. 이후 인터넷 전화, SMS 관련 애플리케이션 및 자동차 수리 및 정비 등의 정비 애플리케이션을 개발하며 꾸준히 애플리케이션 개발자로서 활동하고 있다.

다양한 분야의 기술을 다 섭렵해서 다재다능하고, 어떤 위치에 있든 인정받을 수 있는 최고의 애플리케이션 개발자가 되어 나만의 애플리케이션을 개발해 보고자 한다

애플리케이션 개발자
김승율 개발자

현) IOS개발자
- IOS 개발 입문
- 남양공업 품질보증팀 계장
- 경기대학교 재료공학과 졸업
- 광명고등학교 졸업

소프트웨어개발자의 스케줄

김승율 개발자의 하루

18:00 ~ 23:00
▶ 자기계발 및 취미 생활

23:00 ~
▶ 취침

06:30 ~ 07:30
▶ 기상 및 준비

07:30 ~ 08:30
▶ 출근

15:00 ~ 17:30
▶ 현재 서비스 관련 유지보수, 신규개발 애플리케이션 진행 상황 공유

08:30 ~ 10:00
▶ 애플리케이션 클레임 보고서 확인, 수정 목록 작성

12:00 ~ 13:00
▶ 점심

12:00 ~ 13:00
▶ 애플리케이션 프로그램 개발 작업

10:00 ~ 12:00
▶ 코드 수정 및 신규프로그램 개발

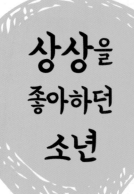

상상을 좋아하던 소년

▶ 고등학교

▶ 군대생활

▶ 초등학생 때 가장 친했던 친구들과 함께

Question **어린 시절** 어떤 아이었나요?

어린 시절 저는 굉장히 내성적이고 조용한 학생이었습니다. 친구들과 함께 놀기보다는 집에서 혼자만의 시간을 보내며, 컴퓨터 게임을 하거나 인터넷 서핑을 하곤 했어요. 그리고 레고를 조립하거나 혼자 공상(상상)을 하는 것도 좋아했어요. 미래에는 무엇이 만들어질까?, 미래에는 어떻게 살아갈까?' 하는 상상을 많이 했었어요. 그래서 컴퓨터를 통해 하나하나 적어보고 상상하고 그것을 레고로 만들어보는 시간도 가지면서 어린 시절을 보냈습니다.

Question **당시 상상한 것 중** 현실이 된 게 있었나요?

저는 버디버디라는 통신프로그램과 2D핸드폰을 사용하던 시기에 어린 시절을 보냈는데요, 그 당시 버디버디는 이모티콘을 이용하고, 문자보다 간편한 내용을 쪽지로 전달할 수 있어 인기를 끌었어요. 저는 이것을 2D핸드폰에 구현할 수 없을까 상상했고, 그것이 현실이 된 것이 지금의 카카오톡과 페이스북 메시지라고 할 수 있어요. 지금은 이런 것들이 너무나도 당연한 시대지만, 그때는 2D로 이런 것들을 구현한다는 것은 말도 안되는 상상이었어요. 아마 당시에 그 상상력을 상상에서 끝내지 않고 실현을 시켰다면 저는 지금 카카오톡 회사의 사장이 되지 않았을까요?

Question **내성적인 성격이 변한** 계기가 있다고 들었는데요

청소년 때까지 저의 성격에 큰 변화는 없었어요. 물론 그전보다 친구들도 많이 생겼고 같이 운동도 하며 어울리기는 했지만, 그때까지도 혼자 시간을 보내고 상상을 하는 것을 더 즐겼어요. 그런 제 성격이 크게 바뀌기 시작한 때는 성인이 되고 군대를 다녀오면서부터였어요. 특히 군대라는 특수한 상황이 가장 많은 영향을 미쳤던 것 같아요. 어릴 때는 부모님의 보호와 의무교육이라는 테두리 안에서 살아갔기 때문에 내성적인 성격이 크게 문제가 되지 않았어요. 그런데 성인이 된 스무 살부터는 그렇지 않았죠. 주변에서 아무도 도와주거나 지켜주지 않았죠. 스스로 바뀌지 않으면 내 목소리를 내는 것뿐만 아니라 사회에 적응하는 것조차 힘들겠다는 것을 느꼈죠. 군대는 더더욱 그랬고요. 그래서 스스로 바뀌기 위해 노력했어요. 일부러 조금 더 외향적인 척 노력했고 점차 그것이 제 성격이 된 것 같아요.

Question **전공은 무엇인지요?** 첫 직장은 어떠셨나요?

대학교는 지금 현재 일하고 있는 애플리케이션 개발과는 전혀 무관한 경기대학교 재료공학과를 졸업했습니다. 재료공학과는 재료에 대한 성질을 이해하고, 인간이 건강하게 오래 살 수 있도록 소재를 연구하는 학문인데요. 학과의 특성상 졸업을 하게 되면 대부분은 기업의 연구소로 많이 가게 됩니다. 식료품 재료공학, 화장품 재료공학, 철강 재료 등등 기업에서 생산하는 다양한 품목에 들어가는 재료를 배합하고 만들고 연구하는 일을 합니다. 저 역시도 마찬가지로 재료공학과라는 학과의 특성을 살리고자 자동차 관련 회사에서 재료공학과 관련된 연구를 했었어요. 첫 직장이라서 정말 열심히 했었던 것 같아요. 그렇게 점점 1년, 2년, 3년의 시간이 흘렀지만 그럴수록 회의감이 많이 들었어요. 정말 힘들었던 시절이었던 것 같아요. 당시에는 왜 그렇게 힘든지 정확히 몰랐는데, 지금 돌아보니 적성에 안 맞는데 참 오래도 참은 것 같네요.

첫째는 당시의 업무가 성취감이 없었어요. 자동차 재료공학이라는 일은 한번이라도 놓치면 안 되지만 아무리 열심히 노력해도 티가 나지 않는 그런 업무였어요. 그러니 시간이 지날수록 성취감을 얻기보다 맹목적으로 하는 일이 되어 버렸어요. 물론 반복되는 업무가 나쁘다는 것은 절대 아닙니다. 누군가에겐 그 일이 잘 맞을 수 있고 안정감을 주는 것은 사실이니까요. 다만 그 때의 저는 성취감이 없다는 것이 크게 힘들었어요. '무엇 하나 성취한 것이 없이 시간이 흘러가겠구나.'라는 생각에 회의감이 컸고, 당연히 동기부여도 없었죠.

둘째는 업종의 문화와 제가 생각하는 문화가 달랐어요. 의외로 업종, 직종마다 문화가 다양해요. 제조재료공학이 남자들에게 잘 맞으면 한없이 잘 맞을 수 있겠지만 저에게는 적응이 힘들더라고요. 처음에는 많이 노력했지만 쉽게 적응하기 어려웠어요. 이 두 가지 이유가 겹치니 시간이 갈수록 점점 우울감이 생기더라고요.

그렇게 3년 정도 일을 하고 결국 퇴사를 결정하게 되었습니다.

Question 적성 맞지 않은 학과를 선택한 이유가 있을까요?

대한민국 교육의 안타까운 현실이 아닐까요. 저도 고등학교 때까지 제가 무엇을 원하는지, 무엇을 잘하는지 전혀 알지 못하는 학생이었습니다. 당연히 꿈이라는 것을 꿔본 적도 가져본 적도 없고, 꿈이 있어야 한다고 생각해본 적도 없었습니다. 그래서 고등학교 때에는 '남자라면 이과'라는 사회적 인식으로 이과를 선택했었고, 대학도 성적에 맞춰서 입학하게 되었습니다. 지금 생각해보면 주도적이지 않았던 것이 참 안타깝네요.

서른 살,
애플리케이션
개발에
도전하다

▶ 대학교 시절

▶ 첫 회사에 입사했을 때

▶ 대학교 입학 당시

Question 애플리케이션 개발을 하게 된 계기는 무엇인가요?

저는 어른이 되어서도 자주 상상을 하곤 했어요. 시중에 나와 있는 컴퓨터나 핸드폰을 보고 사용하면서 어린 시절과는 또 다른 상상을 많이 했습니다. '이렇게 되면 어떻게 될까? 저렇게 핸드폰 애플리케이션을 만들면 어떨까?' 하는 상상을 거의 매일 했던 것 같아요. 그러던 중 문득 생각이 들더라고요. '이걸 어떻게 만들었지? 회사도 그만두었겠다, 그냥 쉬는 것도 좋지만 한번 만들어보자.'라는 생각으로 애플리케이션 개발을 배우기 시작했어요. 주위에 소프트웨어 업계에 종사하시는 분들이 많이 있어서, 그 분들을 찾아가 이야기도 나눴죠. 그러면서 이 일이 저의 적성에 잘 맞을 것이라는 확신이 들었어요. 상상하는 일을 현실화 할 수 있는 일이었거든요. 그렇게 작은 호기심이 배움을, 배움이 직업으로까지 연결되었습니다.

Question 새로운 분야에 도전하는 것이 쉽지 않았을 것 같은데요?

맞아요. 정말 두려웠어요. 실제로 주변의 반대도 정말 심했어요. 부모님과 친구들, 심지어는 같이 일했던 직장 동료들도 반대했었어요. 지금 잘 다니고 있는 더불어 연봉도 꽤 괜찮은 직업을 왜 그만두고 30살이라는 나이에 새로운 도전을 하냐며 질책과 비난을 서슴지 않았죠. 그런 말을 들으면서 흔들리지 않았다고 하면 거짓말이겠죠. 하지만 30살이라는 나이가 많다고 생각하지 않았고, 지금 용기 내지 않으면 더 늦어질 수도 있겠다는 생각이 들었어요. 그래서 더 늦기 전에 결정하고 도전할 수 있었습니다. 예전보다 조건은 조금 안 좋아졌을지 몰라도 만족감과 행복감 측면에서 본다면 이직하길 정말 잘했다는 생각을 수없이 하곤 해요. 당시에는 제가 죽어있음을 느꼈다면, 지금은 제가 살아있음을 느끼고 있으니까요.

일단 기본부터 배워야겠다고 생각했어요. 아무것도 모르는 백지 상태이니 남들보다 2배 열심히 배워야 한다는 생각도 들었죠. 그래서 학원을 다니고, 개발 책을 통해 열심히 공부했어요. 그런데 공부를 하다 보니 소프트웨어개발에도 웹, 애플리케이션 등 다양한 분야가 있고, 기초는 비슷해도 결국 분야마다 공부해야 하는 과목이 조금씩 달라진다는 것을 알게 되었어요. 그래서 일단 분야를 결정했어요. 다양하게 공부를 해본 결과, '내 상상을 현실로 만들어 줄 수 있는 것이 핸드폰이면 좋겠다.'라는 확신이 들었고, 비교적 쉽게 결정할 수 있었어요. 그와 동시에 관련 자격증도 많이 알아봤어요. 남들보다 늦게 시작한 만큼 "열심히 했다.", "늦었지만 잘할 수 있다."라고 말할 수 있는 것이 결국 자격증이더라고요. 그렇게 자격증 공부와 함께 C언어 공부를 하며 저의 능력을 키워나갔어요.

Question 애플리케이션개발에 입문이 좀 특별하셨다고요?

조금은 특이하게 입사한 계기가 기억나네요. 제가 서른 살까지 만들어 온 경력은 모두 재료공학과 관련된 것뿐이었어요. 애플리케이션 및 개발 분야에서는 어찌 보면 하나도 쓸모가 없었죠. 개발 업무를 해보고 싶어서 회사에 지원을 해도 계속 떨어지기만 했어요. 정말 많이도 떨어졌던 것 같아요. 이 당시가 많이 힘들고 후회했던 시기였습니다. 하고 싶어도 할 수가 없었으니까요. 그래서 입사를 위해 여러 방면으로 알아보다가 이 분야가 경험을 그 무엇보다 최우선으로 알아준다는 정보를 입수하게 되었어요. 그래서 일단 경험을 쌓기로 했죠. 저는 모든 부분이 다른 사람보다 모자라니 경험이 최고의 무기라고 생각했어요. 30살이지만 짧은 아르바이트부터 단기 인턴까지 회사를 여기저기 옮겨 다니며 일하기 시작했어요. 그러다가 한 회사에서 저의 실력과 노력을 알아주시고 정직원으로 스카우트 제의를 주셨고 그렇게 정식 첫 입사를 하게 되었습니다. 다행히 이런 경험이 쌓여 지금은 어엿한 애플리케이션 개발자가 되었네요.

정직원이 되었지만 경력자들에 비해 경험과 실력이 부족했기 때문에, 프로젝트를 온전히 맡지는 못했어요. 대신 당시 사수의 옆에서 보조로 프로그램 개발을 진행했었습니다. 절반 정도 개발이 진행되었을 때, 주 개발자가 개인 사유로 인해 그만두는 상황이 발생했어요. 보통은 초보인 정직원이 본 개발 프로젝트를 도맡아 하는 경우가 드물었지만, 이미 상당 부분 개발이 진행된 상황이고 다른 사람이 붙어서 진행하기도 어려워서 결국 제가 담당하게 되었죠. 당시 금액도 상당한 프로젝트라 큰 부담감을 가지고 진행했었어요, 밤낮없이 일했고 주말, 휴일을 반납하면서 열정을 쏟아 진행했던 기억이 납니다. 결과는 나쁘지 않았다 정도로만 말씀드릴 수 있을 것 같네요. 당시에는 맨땅에 헤딩이라는 느낌이 강했지만, 돌아보니 그때 열심히 한 경험이 지금의 피와 살이 되었다고 생각하고, 지금은 주 프로젝트도 곧잘 맡아서 진행하고 있습니다.

운명 공동체,
애플리케이션
개발

▶ 개발 업무를 하는 모습

▶ 업무를 보는 모습

▶ 일을 그만 둘 당시

사람들이 애플리케이션에 대해 오해하는 것이 있을까요?

저 역시 처음에는 몰랐던 부분인데, 많은 분들이 오해하고 있는 부분이 있습니다. 우리가 많이 쓰고 있는 핸드폰 운영체제는 현재 크게 안드로이드와 IOS로 구분되는데, 많은 분들이 개발된 애플리케이션을 이 두 가지 운영체제에서 동시에 사용 가능한 것으로 오해를 하고 있습니다. 예를 들면 제가 애플리케이션을 하나 개발하면 그게 컴퓨터, 갤럭시 핸드폰, 아이폰에서 동시에 된다고 생각을 하시는 거죠. 그런데 사실은 그렇지 않습니다. 운영체제마다 개발의 방법이 다르기 때문에 똑같은 화면으로 보일지라도 사실은 완전히 다른 개발로 만들어진 결과물인거죠. 따라서 저희는 전문가를 따로 두고 있는데요. 저는 정확하게 IOS 애플리케이션 개발자입니다. 즉, 같은 애플리케이션을 안드로이드 운영체제에서 사용하고자 하면 안드로이드 애플리케이션 개발자를 따로 두고 만들어야 한다는 이야기가 되죠. 기능이 같게 애플리케이션을 개발했을 뿐, 명확하게 보면 전혀 다른 개발을 했다고 말할 수 있어요.

Question **애플리케이션 개발자로서 앞으로의 목표는 무엇인가요?**

애플리케이션 하나를 개발하기 위해서 한 명의 개발자 아니라 무수히 많은 분야의 개발자가 필요해요. 그 개발자들이 모여 함께 연구하고 고민하고 디자인해서 하나의 애플리케이션이 탄생하게 됩니다. 작고 간단한 애플리케이션이지만 거기에는 많은 사람의 피와 땀이 들어 있는 거죠. 저는 그런 다양한 분야의 기술을 다 섭렵해서 다재다능하고, 어떤 위치에 있든 인정받을 수 있는 최고의 애플리케이션 개발자가 되길 바라고 있습니다. 조금은 힘들지 모르겠지만 다양한 영역에서 저의 능력을 마음껏 펼쳐 보고 싶어요. 그리고 조금 더 나아가 혼자서 하나의 애플리케이션을 개발해 보고 싶어요. 그리고 그 애플리케이션이 큰 성공을 거둔다면 금상첨화겠죠?

김승율 개발자님에게 애플리케이션 개발이란?

나에게 애플리케이션 개발이란 '나의 가치 개발'이다. 개발을 하면서 개발자로서의 가치나 실력도 올라가니까 이것은 결국 같은 운명이다.

Question **애플리케이션 개발자의** 전망은 어떤가요?

애플리케이션 개발자의 전망은 너무 좋습니다. 요즘 같은 IT시대에서 IT가 스며들지 않은 곳은 어디에도 없습니다. 우리가 사용하는 물건, 장소 등 모든 곳에 IT, 즉 애플리케이션이 있다고 말할 수 있죠. 심지어 이제는 핸드폰이 없는 세상은 상상할 수 없기 때문에 소프트웨어개발자, 그 중에서도 애플리케이션 개발자는 더욱 전망이 좋다고 생각합니다. 게다가 더 편리하고 행복한 세상을 위해 더 많은 기술이 나오고 있으니 더욱 의심할 여지가 없겠네요.

 **Question**

소프트웨어개발자를 꿈꾸는 청소년들에게
한 말씀 부탁드립니다.

저는 조금은 현실적인 이야기를 하고 싶어요. 소프트웨어개발자를 꿈꾸는 청소년들이 왜 이 직업을 꿈꿀까 곰곰이 생각해보면, 막연하게 이 꿈을 꾼다고 생각해요. 컴퓨터 하는 게 좋았고, 핸드폰 하는 게 좋았고, 게임하는 게 좋아서 이 직업을 꿈꾼다고 생각해요. 하지만 실제로 IT업계를 둘러보면 긴 시간의 작업, 결과물 완성에 대한 스트레스 등 생각과는 다른 모습에 지쳐 포기하는 경우가 정말 많이 있어요. 그래서 저는 소프트웨어개발자를 넘어, 지금 여러분들이 생각하는 막연한 꿈에 너무 얽매이지 않았으면 해요. 적성에 맞는 꿈이 지금 당장 없더라도 저처럼 30대 이후에 꿈이 생길 수 있고, 더 늦어도 그 꿈을 위해 노력한다면 저처럼 이룰 수 있다고 생각해요. 모든 직업에 너무 얽매이지 말고 다양한 경험을 해보셨으면 좋겠습니다. 그 중 여러분의 진정한 흥미와 적성에 맞는 일은 분명 있을 거니까요.

그리고 진심으로 소프트웨어개발이 좋으신 분들은 정말 축하드립니다. 소프트웨어개발자를 적성과 흥미로 가지신 분들은 신의 직장, 큰 행복의 천국으로 오신 겁니다. 반갑습니다. 그리고 환영합니다.

어린 시절 음악과 역사를 좋아할 정도로 문과적인 성향을 가지고 있었지만, 고등학교 때 적성검사와 선생님과의 면담을 통해 이과로 결정하고, 동국대학교 컴퓨터공학과에 진학하였다. 졸업 직전 선배의 추천으로 현 직장에 입사하여 SI개발 업무용 시스템을 개발하기 시작하였다. 현재는 네모시스 솔루션 개발팀의 팀장으로 활동하고 있으며, 철도 분야의 신뢰성 분석이라는 분야에서 SI 업무 수행 및 솔루션을 만들고 있다.

지난 15년간 다양한 업무를 경험하면서, 데이터를 다루는 업무에 가장 많이 흥미를 느꼈으며 앞으로 변화하는 시대에 데이터베이스 분석이나 설계, 시각화 등 전문화된 데이터 기반 작업이 더욱 중요해질 거라는 생각에 오늘도 열심히 공부하고 있다.

네모시스 솔루션개발팀 팀장
권정윤 개발자

현)네모시스 솔루션개발팀 팀장
- CSPI SI개발팀 사원
- 동국대학교 정보산업학부-컴퓨터공학과
- 금천고등학교 졸업

소프트웨어개발자의 스케줄

권정윤
개발자의
하루

23:00 ~
▶ 취침

06:30 ~ 07:30
▶ 기상 및 준비
07:30 ~ 09:00
▶ 출근 및 아침
동향 파악

18:00 ~ 23:00
▶ 취미생활(책 읽기,
등산, 운동 등)

09:00 ~ 12:00
신뢰성분석 업무를
위한 요구 분석,
분석설계

13:00 ~ 18:00
▶ 개발, 테스트,
오픈&운영,
유지보수

12:00 ~ 13:00
▶ 점심

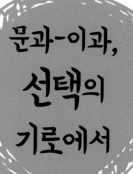

문과-이과,
선택의
기로에서

▶ 초등학생 때

▶ 중학생 때

▶ 졸업사진

▶ 2016년 아기 생겼을 때

Question 유년시절은 어땠나요?

저는 평범한 집에 나이 차이가 조금 나는 누나 두 명과 그 밑에 막내로 태어났어요. 특별할 것은 없었지만 누나들의 영향인지 차분하고 여성스러운 부분도 조금은 지니고 있었고, 귀여움도 많이 받았다는 생각이 드네요. 어머니께서 교육열이 있었고, 대한민국이 원하는 제도 안에서 성장을 하다 보니 나 자신에 대한 진로결정권이 없었어요. 그래서 자신의 꿈에 대해 말하는 요즘 학생들을 보면 멋있고 자랑스러운 마음이 들어요. 저는 그런 생각을 해 본 적도 없고, 그래도 되는지도 몰랐거든요.

Question 학창시절의 관심사는 없으셨나요?

구체적으로 생각나는 관심사는 음악, 역사 정도지만, 사실 다양하고 많은 분야에 관심이 있었어요. 문제는 그래서 특별하게 잘하는 것이 없었죠. 모든 것을 좋아하지만 특별히 잘 하는 게 없는 그런 친구가 바로 저였거든요. 그래서 저는 항상 다양한 분야를 적당히 좋아하고 잘했던 '식스맨' 같은 역할을 했던 것 같아요.

이과를 선택하게 된 특별한 계기가 있을까요?

초중고 시절 저는 자타가 공인하는 문과 성향이었어요. 특히 역사와 철학은 지금까지도 관련 서적을 읽으며 그 관심을 꾸준히 이어나가고 있을 정도로 가장 좋아하는 분야였어요. 그 시절에는 역사 선생님의 꿈을 가지고 있을 정도였죠. 그래서 고등학교 때 저는 제가 문과를 선택할 것이라고 믿어 의심치 않았어요. 그런 저에게 이과를 가게 된 특별한 사건이 있었어요.

고등학교 1학년 말 당시 문과와 이과를 쉽게 선택할 수 있도록 적성검사를 실시했었어요. 저는 당연히 문과가 나올 거라고 생각했는데, 검사결과지의 소수점 2번째 자리까지 문과와 이과의 점수가 같았어요. 너무나도 혼란스러워서 담임선생님께 면담을 드렸습니다. 당시 담임선생님이 50대 남자 수학선생님이셨는데요. 딱 한마디 하시더라고요. "남자는 이과지!" 지금 생각해보면 수학선생님이셨고 당시 고령의 남자선생님이었으니 조금은 고지식하지 않았을까 하는 생각도 듭니다. 하지만 그때 그 한마디가 저를 지금의 컴퓨터 공학 출신, 컴퓨터 개발자로 이끌었죠. 만약 당시 제도가 원하는 틀을 깨고 제 스스로 진로결정권을 가졌다면, 지금은 역사 선생님 같은 조금은 다른 삶을 살고 있을지도 모른다고 생각해요.

남자는 이과!

Question 컴퓨터공학과에 진학하게 된 계기는 무엇인가요?

그렇게 고등학교 2학년부터 생각지도 않았던 이과에서 공부를 하게 되었어요. 그런데 역시나 물리와 수학이 발목을 잡더라고요. 나름 열심히 해보려고 노력했지만, 어렵다는 생각은 떨쳐낼 수가 없었죠. 그래서 물리, 수학을 덜 할 수 있는 영역들을 찾아보다가 산업공학에 관심을 갖게 되었어요. 산업공학이 '공대 안에 문과'라는 이야기가 있을 정도라서 더더욱 그랬는지도 모르겠네요. 결국 2년의 시간이 지나 저는 동국대학교 정보산업학부에 들어가게 되었어요. 그 안에서도 다양한 선택지가 있었는데, 저는 컴퓨터공학과를 선택하였어요. 이과를 선택하고 컴퓨터공학과를 선택한 것 모두 지금 돌이켜보면 우연에 의한 것이 아닐까하는 생각을 하곤 합니다.

Question 그 당시에도 지금처럼 소프트웨어 개발이 유명했나요?

엄청난 인기를 실감하고 있는 지금만큼은 아닐지 모르겠지만, 그 당시에도 정보통신 분야는 많은 주목을 받았어요. 컴퓨터 공학이나 정보통신 공학 등 이른바 IT 분야는 유망하게 떠오르는 학문이었죠. 불과 십수 년 만에 추억으로 사라진 천리안, 하이텔, 나우누리 등 통신서비스나 삐삐, CT폰 같은 서비스가 생각나네요. 또한 지금은 너무나 익숙하게 사용하는 윈도우 같은 운영체제와 네이버, 다음 같은 포털서비스, 스타크래프트, 카트라이더 같은 다양한 게임들, 학교주변이나 동네 이곳저곳에 생기던 PC방도 모두 그 당시에 생긴 것이니 소프트웨어, 하드웨어 가릴 것 없이 인기가 많았죠.

1만 시간의 법칙,
15년차
개발자

▶ 취미는 등산

▶ 가족과 등산

▶ 가족사진

진로를 선택하고 방황한 적은 없었나요?

대학교 1~2학년 시절, 학생회를 하게 되었어요. 학생회에서 보내는 시간이 재밌었고, 자연스레 열정을 학생회에 쏟게 되면서 학과공부를 게을리 하게 되었어요. 일반적인 공부는 고사하고 모든 시험도 거의 나 몰라라 할 정도였어요. 결국 학사경고도 2번이나 맞게 되었답니다. 2번째 학사경고를 맞던 날 고민이 들었어요. 이대로 계속 학교를 다니게 되면, 졸업은커녕 다른 일조차 잘 하지 못할 것이라는 생각이 들었어요. 그래서 결국 도피처로 군대를 선택했죠. 군대에 입대한 후, 미래에 대해 진지하게 고민했어요. '이게 나랑 맞지 않는 건가? 그래서 내가 공부를 안 하는 건가? 단지 학생회라는 변명거리를 만드는 건가?' 하는 깊은 생각을 하게 되었어요. 그래서 전역 후에 역사학과로 전과를 진지하게 고민했었어요. 그것이 정답이라는 생각이 들었거든요. 그런데 참 웃기게도 전과를 할 성적 요건이 안 되었어요. 일반적으로 전과를 하려면 적정수준의 성적을 유지해야 하는데, 저는 그 요건을 충족시키지 못했던 거죠. 방법은 수능을 다시 보거나 편입을 해야 했는데, 다시 공부할 용기는 나지 않았어요. 그래서 울며 겨자 먹기 식으로 계속 컴퓨터공학과에 있게 되었죠. 지금은 웃긴 이야기지만, 당시에는 전과할 수 없다는 사실을 알고 정신이 번쩍 들었어요. 그래서 3~4학년은 정말 누구보다 열심히 했어요. 역시 발등에 불이 떨어지니 열심히 하게 되더라고요.

대학 시절 나를 성장시킨 계기가 무엇인가요?

그렇게 열심히 하던 시절, IMF가 터졌어요. 당시 어린 나이에 본질에 대해 알지 못했어요. 왜 이런 일이 생기는지, 어떻게 상황이 흘러가고 있는지 전혀 알지 못했죠. 아무래도 지금처럼 정보를 얻기가 쉽지 않았던 시대였던 만큼 말이죠. 그래서 단순하게 생각했던 것 같아요. 그 전에는 선배들이 졸업 후에 곧잘 좋은 직장에 취직하는 걸 많이 봤고, 이른 바 '취업대란'이라는 개념 자체가 없었기 때문에 IMF가 나와는 전혀 무관하다고 생각했어요. 당장은 문제가 있어도 곧 예전처럼 좋아질 거라고 생각했죠. 그런데 좋아지기는커녕 더 안 좋아지더라고요. 그래서 더 열심히 공부하고 고민했던 시기 같아요. 어떻게 보면 외부의 변화가 저를 성장시켰다고 생각합니다.

Question **개발자로서 첫 입사과정이** 특별했다고요?

처음에는 모든 사람들의 생각처럼 일반 공채로 시작하려고 생각하며 준비를 했었어요. 그런데 졸업을 앞두고 먼 선배에게서 연락이 왔었어요. 행사 때 겨우 얼굴 한번 본 적 있고 친분도 그리 많지 않던 선배라 조금은 당황했었어요. 그 분이 "식사 한 끼 하자"라고 말씀하시더라고요. 알고 봤더니 당시 선배 회사에서 소프트웨어개발자를 필요로 했고, 후배들 중 선별해서 연락을 했더라고요. 그 중 한 명이 감사하게도 저였죠. 그렇게 저녁식사자리가 곧 면접자리가 되었고 식사를 하면서 이런저런 회사이야기, 인생이야기를 나눴어요. 당시 큰 회사는 아닌 중소기업이었는데 저에게 딱 맞는 자리라는 생각이 들었고 열심히 면접에 임했었던 기억이 나네요. 그렇게 저녁면접이라는 신개념 면접으로 신기하게 취직이 되었습니다.

SI개발 업무용 시스템을 개발하는 회사였어요. 삼성전자의 협력회사였는데요, 저는 초반 3년간 그 업무를 도맡아 했었습니다. 당시 선배들의 도움을 받으며, 많은 것을 배웠던 것 같아요. 그러나 정말 많이 힘들기도 했어요. 과장되게 말하자면 그만두고 싶은 마음이 1000번이나 들 정도였죠. 가장 힘들었던 것은 엄청난 업무량이었어요. 마지막 셔틀인 새벽 1시 차를 타고 퇴근해서 7시에 첫차를 타고 출근했던 일들이 생각납니다. 말하면서 생각해보니 3D 직종이 당시에는 맞았던 것 같네요.

그렇게 시간이 흘러 5년 차가 되어보니 개발회사라는 곳의 사이클도 알게 되고, 회사가 어떻게 돌아가는지, 무엇을 필요로 하는지, 내가 무엇을 해야 할지가 전반적으로 보이더라고요. 그래서 그런지 익숙해지고 자신감도 생겼어요. 안정기라고 표현하고 싶네요. 그 과정을 넘어 대리, 팀장, 부장이라는 역할이 되어보니 시야가 넓어지고 일에 재미가 생기더라고요. 누군가가 1만 시간의 법칙이라고 했던가요? 시간을 구체적으로 세어보지는 못했지만 15년 이상을 일하다 보니 나름 업계에서도 인정받고 일하는 재미, 팀을 꾸리는 재미도 생기는 것 같아요.

제가 주로 해왔던 SI 개발업무는 주로 기업이 필요로 하는 다양한 업무를 전산화 하거나 기존의 오래된 방식으로 동작하던 시스템을 새롭게 구축하는 일이에요. 요즘엔 철도 분야의 신뢰성 분석이라는 조금 독특하고 잘 알려지지 않은 분야에서 기존에 해왔던 SI업무도 수행하고 솔루션도 만들고 있어요. 좀 더 설명을 해보자면, 우리가 매일 이용하는 지하철의 전동차와 시설물의 이용정보나 고장이 나서 수리를 진행하는 정보를 아주 상세하게 데이터로 구분해서 저장하고, 이 데이터를 분석해서 우리가 계속해서 안전하고 편안하게 지하철을 이용할 수 있도록 도와주는 소프트웨어 및 시스템을 만드는 일이에요. 그리고 여러 사람이 같이 하는 일이니까 개발팀 팀장으로서 다른 부서나 고객과 미팅 및 회의를 하기도 하고, 팀원들에게 업무를 나눠주고 점검하면서 일이 순조롭게 진행되도록 관리하는 역할도 맡고 있죠.

▶ 2015년 근무중에

좋아하는
일을 하며
행복을 느끼다

▶ 업무 보는 중

▶ 2018년 가족사진

소프트웨어개발자에 대한 오해와 진실은
어떤 것이 있나요?

소프트웨어 개발이 유난히 힘든 직업이라고는 생각하지 않아요. 어쩌면, 구슬땀을 흘려가며 일하는 다른 직군에서 보기에 이 분야는 안락하고 조용한 사무실에서 뭔가 근사하게 일하는 것처럼 보일 수도 있죠. 그러나 정해진 날짜에 결과물을 만들어야 하고, 그 과정에서 많은 오류를 수정하고 반영하면서 다양한 사람들과 협업을 한다는 것은 고된 과정이 되기도 해요. 밤을 새는 경우도 허다하죠. 하지만 그런 시간을 견디고 지나보니 제가 보는 시야의 영역도 넓어지고, 힘든 분야이지만 서로의 역할과 과정들도 이해하게 되면서 나름 애정과 자부심도 갖고 일하고 있어요.

현재 목표는 무엇이고 어떤 노력을 하고 있나요?

소프트웨어 개발 분야는 매우 다양합니다. 웹, 애플리케이션, 게임, 보안 등 매우 다양하고 무궁무진하죠. 저는 그 중 데이터를 다루는 '데이터베이스'를 좋아합니다. 15년간 다양한 업무를 경험하면서, 데이터를 다루는 업무에 가장 많이 흥미를 느꼈고, 잘 해낸 것 같아요. 그래서 저는 현재 데이터베이스 분야에 대해 좀 더 전문적인 내용까지 열심히 공부하고 있어요. 앞으로 변화하는 시대에 데이터베이스 분석이나 설계, 시각화 등 전문화된 데이터 기반 작업이 더욱 중요해 질 테니까요.

또, 최근에는 팀장으로서 사람을 관리하고 적재적소에 배치하는 능력이 중요하다는 것을 느끼고 있어서 프로젝트 관리에 대한 공부도 겸하고 있어요. 그리고 다양한 인문학 서적이나 유튜브를 통해 전문가들이 전하는 좋은 강의도 찾아봅니다.

가장 힘들었을 때는 언제였나요?

프로젝트의 단위가 보통은 몇 달에서 몇 년에 걸쳐서 진행합니다. 그런데 그 프로젝트를 제대로 해내지 못해서 조직이 깨지고 팀이 와해가 될 때가 있어요. 누구 하나의 잘못이라고 보기는 힘들지만 그것을 전체적으로 책임지는 것이 저의 역할이에요. 몇 달, 몇 년을 같이 고생했는데 그 결과가 좋지 않거나 중간에 조직이 와해되면 그 책임을 온전히 제가 짊어져야 하기 때문에 그럴 때 힘들다고 느껴요.

Question **나에게 소프트웨어 개발이란?**

저에게 소프트웨어 개발은 '우연이 많이 지배했던 삶'이었던 것 같아요. 문과에서 이과로 뜻하지 않게 진로를 변경했던 일, 물리와 수학을 피하기 위해 전공을 선택했던 일, 전과를 시도했지만 하지 못해 계속했던 일, 저녁면접을 통해 처음으로 시작했던 일 등 이모든 것들이 돌이켜 생각해보면 항상 우연이 작용했고 우연이 지배했다는 생각이 들어요. 소프트웨어개발자가 저에게 천직은 아닐지 몰라도 지금 하고 있고, 앞으로도 할 것이고, 하고 싶은 직업일 거라고 생각해요. 어쩌면 15년간 저도 모르는 사이에 소프트웨어 개발에 흥미를 느꼈던 것은 아닐까하는 생각도 드네요. 우연이 지배했다고 해서 전부 나쁜 것만은 아니었던 것 같아요. '우연'이라는 단어에 포장되어 있을 뿐, 결국 흥미와 적성에 의해 제가 결정했던 것이니까요.

Question **소프트웨어개발자를 꿈꾸는 청소년들에게 해주실 말씀이 있나요?**

먼저 소프트웨어개발자를 꿈꾸는 친구들에게 말씀드리자면, 소프트웨어개발자의 진입 장벽은 높지 않습니다. 따라서 누구나 마음만 먹고 열심히 배운다면 모두가 할 수 있는 직업이라고 생각해요. 그래서 너무 조급해하지 않았으면 좋겠고 천천히 그 꿈을 키워서 미래에 함께 일할 수 있었으면 좋겠습니다.

그리고 소프트웨어를 넘어 대한민국을 이끌어갈 청소년들에게 말씀을 드리자면, 지금 생각하는 것처럼 20~30대가 흘러가지 않을지도 모른다는 거예요. 그것이 진로뿐만 아니라 삶과 인생이 될 수도 있어요. 하지만 뜻대로 되지 않는다고 좌절하고 절망하지 않았으면 좋겠어요. 저도 저의 생각과 다른 삶을 살았고, 그저 우연이 지배하는 삶을 살았다고 볼 수 있지만, 그것 역시 저라는 사람의 한 부분이 되었다고 생각해요.

미래를 꿈꾸는 청소년들에게 해주실 말씀이 있다면?

저도 아이를 키우고 있는 부모입니다. 주변 학부모와 나의 부모님 세대를 보니 인식이 많이 바뀌었다고 느낍니다. 과거에는 소위 말해 "사"자 들어가는 권력층의 직업과 꿈을 아이에게 투영시켰다면, 현재는 보다 자식이 행복해 할 수 있는 직업을 갖길 원해요. 특히 제가 그렇습니다. 물론 공부도 열심히 해야 하고 대학교를 가야 한다는 선결과제가 있다는 점은 잊지 말아야겠죠. 하지만 그와 동시에 우리 청소년들이 중고등학교 시절에 딱 2가지만 알았으면 좋겠어요.

1. '수준 있게 정말 잘해라'가 아니라 기본소양과 본질을 다양하고 즐겁게 배웠으면 하는 것
2. 나중에 분명 바뀔 가능성이 크더라도 매 해, 매 학년이 지날 때 내가 무엇이 되고 싶은지를 구체적으로 알고 느꼈으면 하는 것

성적을 기준으로 '학교'를 선택하는 것이 아니라, 흥미를 기준으로 '학과'를 선택하길 바라요. 제가 그렇지 못했거든요. 지금 주위를 둘러보니 저보다 좋아하는 것이 뚜렷했던 친구들이 더 행복하고 부유하고 즐거운 삶을 이미 영위하고 있더라고요. 오늘 이 책을 읽는 여러분이 그 마음을 알아주길 간절히 바랄 뿐입니다.

어린 시절부터 과학을 좋아하여 과학자라는 진로를 선택하고 노력하던 중, 고등학교 때 보드게임을 접하면서 게임개발자로 진로를 변경하였다. 그러나 부모님의 반대로 신소재공학과에 진학한 후, 관련 직종에서 근무하였지만 적성에 맞지 않아 그만두고 3년간 공무원 시험을 준비하였다. 그러던 중 친구의 권유로 소프트웨어 개발에 관심을 가지게 되었고, 국비지원을 통해 소프트웨어 개발을 배우기 시작했으며, 현재는 입사 3년차의 소프트웨어개발자로 활동하고 있다.

진로에 대한 긴 방황 끝에 선택한 웹 개발자라는 직업이 잘 맞는 편하고 멋진 옷이라는 생각에 행복한 나날을 보낸다.

- -

웹 개발자

장봉균 개발자

- 엠로 프로젝트 수행
- 한국투자증권 홈페이지 접근성 인증마크획득 프로젝트
- 전북대 통합정보시스템 차세대 프로젝트
- 2018. 웹 개발 입문
- 경기대학교 졸업
- 한광고등학교 졸업

소프트웨어개발자의 스케줄

장봉균
개발자의 하루

07:30 ~ 08:00
▶ 기상, 식사, 밥
08:00 ~ 09:00
▶ 출근

19:00 ~ 23:00
▶ 개발 스터디 및 취미활동
23:00 ~
▶ 취침

09:00 ~ 10:30
▶ 회의 및 PULL 구성

13:00 ~ 18:00
▶ 업무
18:00 ~ 19:00
▶ 퇴근

10:30 ~ 12:00
▶ 업무

12:00 ~ 13:00
▶ 점심

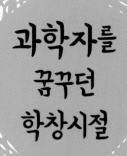

과학자를
꿈꾸던
학창시절

▶ 공룡박람회에서 - 과학과 공룡을 좋아했던 시절

▶ 유치원 시절 담벼락 앞에서

▶ 초등학교 시절

Question ## 어린 시절은 어땠나요?

성격적인 면에서 생각해보면 낯가림이 있었던 것으로 기억해요. 유치원 시절 잘 웃긴 했지만, 친구들 사이에서는 많이 조용한 편이었어요. 남들 앞에 나서기보단 뒤에서 책을 읽는 것을 좋아했죠. 특히 부모님께서 과학 관련 도서를 많이 사주셔서인지 과학과 관련 된 책을 읽으며 과학현상을 공부하는 걸 무척 좋아했어요. 어린 시절 꿈이 과학자라고 할 정도였으니까요. 중학교 3학년까지 장래희망 란에는 언제나 과학자로 적을 만큼 저에게는 최고의 꿈이었죠. 중학교 시절까지는 성적도 반에서 상위권을 유지했기 때문에 부모님도 저의 꿈을 응원해주셨어요. 당시 지금은 사라진 컴퓨터 중 하나인 '486컴퓨터'를 보고 무척 행복해했던 기억이 어렴풋이 나네요.

Question ## 중고등학교 시절에도 과학을 좋아하는 학생이셨나요?

중학교까지 흔들림 없었던 제 꿈은 고등학교에 입학하고, 보드게임을 접하면서 바뀌게 되었어요. 과학과 비슷한 원리여서 그랬는지 머리를 쓰고 승리를 쟁취한다는 것이 너무나도 재밌어서 헤어 나오질 못했어요. 거의 매일을 보드게임을 하면서 시간을 보냈던 것 같아요. 너무 좋아한 나머지 한번은 제가 직접 만들어 보고 싶다는 생각이 들었고, 실제로 직접 만들어서 친구들에게 선보이기까지 했었어요. 그렇게 '게임을 만든다는 것이 정말로 재밌구나!' 라고 느낀 후 부터는 제 꿈이 과학자에서 게임개발자로 바뀌었고, 게임공학과를 가기 위해 열심히 노력했어요.

Question 게임공학과에 진학하셨나요?

게임공학과에 가기로 결심한 후, 굉장히 열심히 공부했고 실제로도 갈 수 있을 만큼의 성적을 받았어요. 그런데 가장 큰 문제는 부모님의 반대였죠. 과학자가 될 것이라고 믿고 있던 아들이 게임공학과를 간다고 하니 부모님께 정말 많이 혼났었어요. 특히, 부모님 세대들은 게임에 대해 부정적인 인식이 있어서인지 더 그러셨던 거 같아요. 결국 부모님을 설득시키지 못했어요. 그렇게 그나마 과학과 비슷한 과를 찾게 되었고 신소재공학과로 진학하게 되었습니다.

Question 대학시절은 어떠셨나요?

원하던 게임공학과도 가지 못하고, 과학에 대한 열정도 많이 식은 채 신소재공학과를 가게 되니 어느 것 하나에도 흥미를 느끼지 못했어요. 그러다보니 열정적으로 공부하지 않았고, 딱히 흥미 있는 분야가 있었던 것도 아니었기에 남들과 똑같이 적당히 공부하고 적당히 노는 그런 특색 없는 학생이었어요.

Question 첫 직장생활은 어떠셨나요?

대학을 목표와 비전 없이 생활하다가 그래도 전공을 살려 첫 직장에 취업했어요. 하지만 신소재공학 분야의 분위기는 저랑 맞지 않더라고요. 결국 첫 직장을 오래 다니지 못하고 일을 그만두게 되었어요. 정말 많이 방황했던 것 같아요.

첫 직장을 그만두고 무엇을 하셨을까요?

지금 생각해보면 방황의 시작은 적성에 대해서 잘 알지 못하고 무엇에 흥미가 있는지 알지 못하는 것에서 시작되었어요. 결국 해답을 찾지 못하고 많은 사람이 그런 것처럼 무작정 공무원 공부를 하기 시작했어요. 처음에는 정말 열정도 가득해서 열심히 공부했던 것 같아요. 한 번에 붙었으면 가장 좋았겠지만 결국 그렇게 되지 못하고 시간만 흘렀던 것 같아요.

웹 개발자의 길을 걷다

▶ 군인 시절

▶ 대학교 4학년 때 내일로 여행

▶ 학창 시절

소프트웨어개발자가 되기까지의 과정은 어떠한가요?

첫 직장을 그만두고 방황하면서 공무원 시험에 매달렸어요. 약 3년 정도를 공무원 시험준비를 하고 시험을 봤던 것 같아요. 지금 돌아보니 정말 긴 시간을 공무원 시험에 매달렸네요. 문제는 1, 2년 차와 달리 3년 차가 되니 점점 시험에 실패하는 것도 무뎌지게 되더라고요. 그렇게 긴 터널과 같은 방황 속에서 저를 소프트웨어개발자로 이끌어준 한 멘토님을 만나게 되었어요. 그 분 덕분에 비전공자이지만 소프트웨어개발자가 되었고 지금은 행복한 삶을 살고 있네요.

멘토는 어떤 분이었나요?

그 분은 바로 10년간 가장 가까운 곳에서 저를 지켜봐 준 가장 친한 친구입니다. 그 친구는 10년 전 대학교에서 만나게 되었고, 지금도 가장 자주 보고 힘들 때 곁에서 같이 울어주고, 행복할 때 함께 웃어주는 친구입니다. 그 친구가 방황하는 저를 보면서 한마디를 건네줬어요. "내가 너를 10년 넘게 지켜봤는데 너는 컴퓨터 웹 개발 계열로 가는 게 좋을 것 같아. 요즘 개발 직업이 유망하다던데 너도 방황 그만하고 도전해 보는 게 어때?" 그 친구의 진심 어린 한마디에 저는 바로 국비지원교육을 알아보고 소프트웨어 개발 공부를 하기 시작했어요. 사실 공부를 시작할 당시에는 재밌는지 잘 몰랐던 것 같아요. 그저 나에게 잘 맞을 것 같다는 주변의 권유 때문에 도전하고 싶었거든요. 그런데 하면 할수록 흥미가 생겼고, 국비지원교육이 끝난 후에도 관련 학원에 등록해 정말 재밌게 6개월 이상 공부했었어요.

그렇다면 지금은 방황 없이
행복한 개발자가 되신 건가요?

자신의 체형에 잘 어울리는 옷이 있듯이 직업도 그렇다는 느낌을 정말 많이 받았어요. 저는 전공을 살리기 위해 제조업에서 일을 했지만 정말 적응하기 어려웠어요. 그 전공의 문화도 재미도 저에게는 멀게만 느껴졌어요. 또한 남들이 모두 선망하는 공무원이 되기 위해서도 정말 열심히 공부했지만 그 역시 저에게 맞지 않는 옷이란 걸 3년이 지나서야 깨닫게 되었답니다. 하지만 지금은 달라요. 지금은 정말 행복하게 일하고 있거든요. 이 일이 저에게 잘 맞는 옷처럼 편안하고 멋진 옷이라는 생각이 들어요.

Question

지금 하고 계신 일에 대해서 설명해주세요

저는 현재 경력 3년차의 소프트웨어개발자입니다. 지금은 웹 개발 인력을 공급하는 업체에 다니고 있습니다. 웹 개발에 대한 수요가 많아지고 있는 시기에 저희는 원하는 업체(고객)로 직접 가서 원하는 웹 등 소프트웨어를 개발해주는 일을 하고 있어요. 그것을 저희는 하나의 프로젝트라고 부릅니다. 이런 일련의 프로젝트가 시작되면 팀이 구성되어 하나의 회사로 파견되는 형태로 일하고 있어요. 그 곳이 저희의 출근지이자 근무지가 되는 것이죠. 짧게는 6개월에서 길게는 몇 년 단위의 프로젝트를 도맡아 진행하고 있습니다.

소프트웨어 개발을 하시면서

직업병이 생겼다고 하던데요?

예전에는 휴대폰 애플리케이션이나 컴퓨터를 사용할 때 아무 생각 없이 사용하고 말았던 것 같은데요. 이 일을 하면서 특이한 버릇이 생겼어요. 첫 번째로 일단 구조를 파악합니다. 어느 사이트든 접속을 하게 되면 어디에 무엇이 있고 어디를 클릭해야 되는지 등 사이트를 분석해요. 물론 저보다 더 잘하시는 분이 만들었을 수도 있지만 괜히 한번 분석하고 평가하는 버릇이 생겼어요. 또한 예전에는 불편해도 그러려니 하면서 컴퓨터를 이용했었다면, 이제는 불편한 것을 보면 꼭 한 번씩 투덜거리게 되더라고요. '왜 이렇게 만들었지? 왜 구성을 이렇게 했지?' 하는 생각도 많이 하고, 그런 부분들은 어떻게 고치면 좋을지 생각하게 됩니다. 실제로 '내가 만들면 이것보다 낫겠다.'라고 생각한 적도 정말 많았답니다.

Question

개발자로서 직업적 특이사항은 무엇일까요?

능력에 따라 천차만별의 급여와 대우를 받을 수 있어요. 경험과 경력이 많은 개발자와 현실에 잘 적응하지 못하는 개발자의 엄청난 급여와 대우 차이는 업계에서도 이미 잘 알려져 있을 정도이죠. 그리고 시간이 자유롭다는 특징이 있어요. 소프트웨어개발자는 결과물로 평가하는 직업이기 때문에, 잘한다면 결과물을 빠르게 만들어 낼 수 있고, 잘 만들어 내기만 하면 그 후의 시간은 자유롭게 이용해도 큰 문제가 되지 않아요. 하지만 결과물이 시원치 않으면 일을 많이 해야 한다는 단점이 있을 수는 있어요.

노력과
인내가 필요한
개발자의 길

▶ 틈틈이 건강관리

▶ 업무를 보는 모습

▶ 업무 자리

여러 가지 방황을 했던 비전공자로서

어떤 사람이 웹 개발자에 잘 어울릴까요?

개발자 중에서도 많은 사람을 만나보았는데요. 저는 끈기 있는 사람 특히, 인내심이 있는 사람이 이 직업에 잘 어울릴 거라고 확신합니다. 시간이 자유롭다는 장점은 결국 업무시간에는 컴퓨터 앞에 가만히 앉아 하루 종일 또는 몇 날 며칠을 고민하고 코드를 생성하는 업무를 반복해야 한다는 것이죠. 코드를 완성했을 때 보람을 느끼기도 하지만, 그 과정에 도달하기까지는 엄청난 노력과 인내가 필요하죠. 따라서 인내심이 많고 끈기 있는 분이라면 정말 잘 하실 것 같아요.

그렇다면 웹 개발에 잘 어울리지 않는 사람은

어떤 사람인가요?

자기주장이 너무 강한 사람은 조금 힘들 수 있을 것 같아요. 크게 2가지가 어려워 보입니다. 첫 번째는 협업이라는 부분입니다. 일은 혼자 하지만 결국 전체적인 짜임새는 팀으로 움직이기 때문에 팀워크가 중요해요. 소통하고 잘 맞춰서 진행해야 하죠. 하지만 자기주장이 너무 강하게 되면 편협한 웹 개발이 될 수밖에 없어요. 두 번째는 코드 작업에서 '나만이 정답'이라고 생각한다는 점이에요. 여러 좋은 코드를 보면서 계속 자신의 능력을 향상시켜야 하는데 그것을 받아드리지 못하는 분들을 종종 보거든요. 아마 자기주장이 조금 강해서 변하기 어려운 분들에게는 조금 힘든 과정일 수도 있겠습니다.

개발자는 내성적인 사람이 잘한다는 편견이 있는데 사실인가요?

"반은 맞고 반은 틀리다."라고 말할 수 있을 것 같아요. 작업을 할 때는 혼자 몰두하고 집중하는 경우가 많거든요. 따라서 사람들과 이야기하면서 함께 하는 것을 좋아하는 외향적인 사람들은 조금 지루해 할 수도 있을 것 같아요. 반대로 내향적인 사람에게는 혼자 집중할 시간도 있고, 남에게 터치를 받지 않고 일할 수 있다는 점에서 분명 유리한 점이 있다고 생각해요.

그러나 일의 대부분은 프로젝트성 협업을 필요로 해요. 따라서 적절한 조율 및 업무 분배를 위해서는 외향적인 사람이 일을 잘하는 모습을 보이죠. 일은 혼자 하지만 그 일을 크게 보면 모두가 연결되어 있어요. 그런데 내성적이어서 말을 하지 않고 넘어가거나 대충 말해버리면 모든 일이 뒤틀리게 되요. 심지어 일명 '독박'이라고 해서 모든 잘못을 그 사람이 혼자 떠안아야 하는 상황이 오기도 하죠. 이런 불상사를 막기 위해서라도 억지로 외향적으로 바뀌려는 사람들도 있어요. 그렇기 때문에 이런 점에서는 외향적인 사람이 더욱 잘 어울린다고 볼 수 있겠네요.

Question 웹 개발자의 전망은 어떤가요?

웹 개발자의 전망은 매우 밝은 편입니다. 제가 일을 하면서 정말 많이 체감하는 것 중 하나가 웹 개발, 소프트웨어개발자에 대한 수요가 대단하다는 것이에요. 따라서 공급도 늘리고 있는 실정이죠. 그래서 교육기관도 많이 늘리고 있고, 여기저기서 개발자들을 구하고 있어요. 경험과 경력이 3년밖에 되지 않은 저인데도 불구하고 많은 곳에서 입사제의가 들어올 정도니까요. 하지만 최근에 코드를 자동으로 짜주는 프로그램이 많이 나오고 있어 조금 위협적인 부분도 있다고 생각해요. 그러나 그 코드를 짜주는 프로그램도 결국 인간이 만들기 때문에 전망이 나쁘지만은 않다고 말하고 싶어요. 빠르게 변화하는 툴과 언어를 진취적이고 도전적으로 할 수 있다면 나쁠 수 없는 직업입니다. 결국 내가 어떻게 하느냐에 달린 문제라고 생각해요.

Question 소프트웨어개발자를 꿈꾸는 청소년들에게 해주실 말씀.

소프트웨어 개발, 특히 웹 개발은 결국 사람이 짠 코드를 사람이 다시 반복적으로 수정하는 일이에요. 인간이 만든 코드이기 때문에 불가능한 일도, 절대 풀지 못하는 난제도 있을 수가 없어요. 더욱이 도전하지 못하는 일도 없고요. 단지 어렵고, 조금 시간이 걸릴 뿐이에요. 그래서 이 직업은 더욱 더 자기 자신에게 정직할 수밖에 없는 직업인 것 같아요. 내가 어렵고 시간이 걸린다고 포기하지만 않는다면 멋진 개발자가 될 수 있는 것이죠.

그리고 우리 청소년들이 소위 말하는 '깡'을 가졌으면 좋겠어요. '나에게 주어진 일은 끝까지 해야 해.' 라는 인내심과 '나는 할 수 있어.' 라는 자신감과 책임감을 가졌으면 좋겠어요. 분명 가끔은 어려운 것을 마주할 때도 있을 거예요. 하지만 그것을 해결했을 때 오는 행복함과 만족감, 성취감을 느껴보면 좋겠습니다. 세상 모든 것은 인간이 해결 할 수 있는 일이고, 저는 여러분이 그 해답을 찾을 수 있을 거라 확신합니다.

개발자는 내향적인 사람이 많다던데 사실인가요?

개발자는 컴퓨터에 가만히 앉아서 계속 작업하는 것처럼 보이기 때문에 내향적인 사람이 많다는 소문이 있는 것으로 알고 있습니다. 제가 본 바로는 반은 맞고 반은 틀린 것 같아요. 저 역시 처음 마주한 개발자 분들의 대부분이 내향적인 사람이 많아서 그 소문이 진실인 줄 알았어요. 하지만 요새는 외향적인 개발자도 굉장히 많아요. 개발을 할 때도 활기차고 즐겁게 일하시는 분들도 많아요. 그래서 이것은 단순히 업무특성에 대한 선호도라고 보는 것이 정답인 것 같아요. 이 일은 앉아서 일하는 것을 즐기시는 분들에게 유리한데 보통 내향적인 사람들이 그러하니까요.

개발자는 근무지가 매번 바뀌나요?

모든 개발자가 그런다는 것은 아닙니다. 다만 업무 종류에 따라 다른 것이죠. 선생님의 과목이 수학, 국어, 과학 등등 다양하듯이 저희의 업무도 비교적 다양한 편입니다. 저는 그 중 파견해서 진행하는 업무를 맡고 있을 뿐입니다. 저에게 있어서 근무지 즉, 현장이 바뀌는 단점은 분명 있지만 파견직이기 때문에 눈치 보는 일도 많이 없고 다양한 일을 팀 단위로 경험할 수 있다는 장점은 큰 자산이 될 수 있다고 생각합니다. 또한 팀 단위로 짧게는 몇 개월, 길게는 몇 년 같이 지내야 하다 보니 팀워크도 굉장히 중요합니다.

웹 프론트엔드 개발자는 주로 무슨 일을 하나요?

1차적으로 디자이너가 만든 디자인 시안이 브라우저 내에서 그대로 동작할 수 있도록 코드를 작성하는 작업을 합니다. 정적인 디자인을 동적으로 만드는 작업이죠. 그 외에도 자바스크립트로 만들어진 프론트엔드 프레임워크/라이브러리를 사용해서 동적인 웹 서비스를 개발해요. 다양한 활동과 일을 할 수 있도록 웹 사이트의 UI를 동적으로 만들어내고, 여러 가지 복잡한 상태를 쉽게 관리할 수 있도록 돕는 것이 프론트엔드 프레임워크/라이브러리입니다.

더 좋은 개발자가 될 수 있는 방법(능력)이 있을까요?

저희 회사에서 우수 수료생의 기준을 산정한 것이 있어요. 우수한 개발자가 되기 위해서 1. 책임감 2. 업무프로세스 3. 생산성 4. 사고력 5. 커뮤니케이션 능력 6. 능동성(우대사항) 이 필요합니다. 또, 개발 업계는 다른 직군과 다르게 매일매일 기술이 바뀌고 트렌드가 바뀌어요. 그래서 개발자는 항상 노력해야 해요. 트렌드, 무한 학습능력, 언제든지 발전할 수 있는 원동력을 갖고 있어야 한다고 생각해요.

웹 개발자는 무엇인가요?

웹 개발자는 단순히 말하면 웹 페이지를 만드는 사람입니다. 인터넷을 하면서 보는 화면들의 내부 구조를 만든다 생각하시면 됩니다.

운영체제가 다른데 같은 애플리케이션을
이용할 수 있는 경우, 하나의 방법으로 개발하나요?

전혀 아닙니다. 완전 다른 애플리케이션이라고 봐도 무방합니다. 그저 기능이 같을 뿐 완전 다른 개발입니다. 그저 소비자가 보기에 똑같아 보이고, 똑같이 공유될 뿐 전혀 다른 프로그램으로 개발해서 공유를 시켜놓은 것이죠. 모든 애플리케이션이 그러하고 모든 개발이 그렇게 따로 진행하게 되어 있어요. 개발방식 자체도 전혀 다르니까요. 따라서 하나의 애플리케이션을 위해 보통은 안드로이드, IOS 개발자 따로 고용해서 진행을 합니다. 다만 2가지 모두 개발할 수 있는 개발자가 간혹 있긴 한데요. 결국 일을 2배로 하는 것이니 서비스개발 기간이 2배로 늘어나게 되어 전문가를 따로 두는 경우가 더 많습니다.

소프트웨어개발에 필요한 '코드'라는 것은 짧으면 좋은 건가요?

코드가 달라도 홈페이지 같이 사용자가 보는 화면은 얼마든지 같을 수 있어요. 하지만 무조건 짧은 것이 좋다고 말할 수는 없어요. 길게 써야 사용자가 원하는 방향으로 반응하게끔 되는 경우도 있으니까요. 다만, 나만 알아볼 수 있는 코드를 작성하면 그것이 길든 짧든 누군가는 그것을 이해하지 못하게 되요. 결과적으로 단순하면서도 이해하기 쉬운 코드를 만들기 위해 지속적으로 생각하고 사용하는 것이 필요해요. 코드가 다르지만 보이는 화면이 같을 경우에는 단순하고 이해하기 쉬운 코드를 이용하는 것이 좋죠.

애플리케이션 개발과정은 어떤가요?

먼저 소프트웨어개발자라고 해서 무조건 하루 종일 개발만 하는 것은 아니에요. 우리가 애플리케이션에서 보고 쓰는 모든 것들을 관찰하고 고려해야 하죠. 디자인, 기획, 내용 및 목적에 맞게 구성하고 개발에 들어갑니다. 그래서 기획 회의에 참여해 서비스 방향, 계획, 서비스 시기, 기술적 자문을 통해 방향을 잡습니다. 그런 다음에야 비로소 개발을 시작해요. 보통 짧게는 1개월에서 길게는 1년 이상이 소요됩니다. 개발을 완성한 후 베타서비스라는 맛보기 애플리케이션을 서비스하고, 그 결과로 얻은 피드백을 통해 수정하여 정식 오픈을 진행하게 됩니다. 그 후 계속되는 기능적 유지 보수, 품질 관련, 코드 고도화라는 작업을 진행하고, 지속 운영을 하게 됩니다.

소프트웨어개발자는 이과 학생만이 할 수 있는 일인가요?

처음 개발을 하기 전에 개발자는 이과적인 마인드가 엄청 필요하다고 생각했어요. 하지만 개발을 막상 공부해보니 그렇지 않다는 것을 느꼈죠. 특히 프론트엔드 개발자의 기준에서는 천재적인 알고리즘을 생각해내고 비상한 해결책을 제시하는 것보다 웹이 정확하게 어떤 과정을 거쳐 어떻게 동작하는지 프로세스를 정확하게 이해하는 것이 훨씬 중요한 것 같습니다. 즉 이는 수학 천재가 아니더라도 누구나 열심히 공부하고 노력하느냐에 따라 얼마든지 잘할 수 있다는 것, 문과도 얼마든지 할 수 있다는 것이 진실인 것 같아요. 웹 환경, 웹 동작 방법, 개발 프로세스만 잘 이해하면 그 누구라도 할 수 있죠. 특히 전반적인 시스템을 이해하는 게 훨씬 중요하기 때문에 오히려 문과가 더 유리할 수 있겠다는 생각도 들어요. 프로세스를 이해하는 것과 함께 코드를 쓰는 것은 결국 글을 쓰는 것과 같은 논리기 때문이죠.

개발자로서 소프트웨어의 전망은 어떤가요?

15년간 다양한 분야를 접하고 일하며 느낀 점은 앞으로 소프트웨어 전망은 좋을 것이라는 거예요. 예전과 다르게 힘든 직종이라는 인식에서 많이 벗어나고 있고, 실제로도 과거에 비해 과도한 근무 환경이 많이 개선되고 있어요. 무엇보다 이제 컴퓨터나 핸드폰 등 전자기기는 우리 삶의 필수요소로 자리 매김하였습니다. 그런 기계, 즉 하드웨어를 작동시키는 것이 소프트웨어이기 때문에, 소프트웨어가 없는 삶이란 단팥 없는 찐빵이라고 생각해요.

예비
소프트웨어개발자
아카데미

다양한 역할의 소프트웨어

운영체제

사용자가 컴퓨터를 사용할 수 있도록 중재 역할을 해 주는 프로그램이다.

윈도우(Windows)

마이크로소프트에서 개발한 컴퓨터 운영체제다. 마우스로 아이콘 및 메뉴 등을 클릭해 명령하는 그래픽 사용자 인터페이스를 지원한다. 용도에 따라 크게 개인용, 기업용, 임베디드용(윈도우 CE 계열)으로 나뉜다.

1985년 '윈도우 1.0'을 시작으로, '윈도우NT 3.1, 3.5, 3.51, 4.0'을 거쳐, 윈도우 95, 윈도우 98 등 윈도 9X 시리즈가 출시되었다. 이후 2001년에는 NT 시리즈와 9x 시리즈를 본격 통합한 윈도우 XP가 출시되었다. 2009년에는 윈도우7, 2012년에는 터치스크린을 갖춘 기기에 적합한 윈도우8, 2015년에는 다양한 플랫폼을 통합시킨 윈도우 10이 출시되었다.

도스(MS-DOS)

마이크로소프트사에서 개발한 컴퓨터 운영체제로, 디스크(disk)에 운영체제를 저장하고, 디스크 중심으로 시스템을 관리하는 컴퓨터 운영체제이다. 명령을 키보드를 사용해 문자 형식으로 입력해야 하는 명령형 인터페이스를 지원한다. 1981년 'MS-DOS 1.0'이 발표된 이래 1992년 '윈도우(Windows) 3.1'이 등장할 때까지 사실상의 표준 운영체제였다.

리눅스(Linux)

1991년 핀란드 헬싱키 대학 학생이던 리누스 토발즈(Linus Torvalds)가 대형 기종에서만 작동하던 운영 체계인 유닉스를 386 기종의 개인용 컴퓨터(PC)에서도 작동할 수 있게 만든 운영 체계이다.

유닉스(Unix)

미국 벨(Bell) 연구소에서 개발된 소프트웨어 개발용의 운영 체제이다. 1969년에 그 원형이 완성되었지만 1973년에 프로그램 대부분이 C 언어로 수정되었다. 유닉스는 멀티태스킹, 멀티유저를 지원하는 운영체제로, 프로그램개발, 문서처리, 전자우편 등의 기능이 뛰어나다.

압축프로그램

저장 용량을 줄이기 위해 파일을 압축하는 프로그램이다.

 ## 윈집(Winzip)

미국 니코맥컴퓨팅(NicoMak Computing)사가 개발하였다. 압축을 풀지 않고서도 개개의 파일들을 볼 수 있으며, 대용량 파일을 여러 장의 디스켓에 나누어 압축을 풀 수도 있다.

압축 해제 처리 속도가 빠르고 윈집으로 압축한 형식 이외의 형식에도 대응하고 있다.

알집(alzip)

이스트소프트에서 개발한 압축 소프트웨어이다. PC 통신과 인터넷을 통해 무료로 배포되고 있으며, 20가지 형태의 압축 파일을 지원한다. 모든 형태의 압축 파일을 풀 수 있고, 한글 메뉴로 되어 있다.

백신프로그램

컴퓨터 바이러스 프로그램을 찾아내고 손상된 파일을 치료하는 프로그램이다.

알약

이스트소프트에서 개발한 알툴즈 제품군의 하나로, 2007년 11월에 처음 발표된 무료 백신이다. 바이러스 검사 시 스스로 해당 바이러스의 종류와 감염 파일 정보를 정리해주어 초보자들에게 유용하다. 다른 무료 백신과 달리 컴퓨터 관리 기능이 포함되어 있고, 레지스트리 기록과 하드디스크 기록 등을 정리해 컴퓨터 작업 속도를 향상시켜주며, 각종 내부 설정을 조작하고 정리해주는 기능이 포함되어 있다.

V3 Lite

국내 최초로 백신 프로그램을 개발한 안철수 연구소의 'V3' 제품군 중 2008년에 출시된 무료 백신이다. 바이러스 검사와 치료, 액티브X를 비롯한 설치한 응용 프로그램 관리, 컴퓨터 환경 최적화 등의 기능을 갖추고 있고, 스파이웨어는 치료가 아닌 차단만 지원한다.

네이버 백신

2008년 'PC 그린'으로 정식 오픈했으며, 2010년 '네이버백신'으로 개
편되었다. 실시간 감시, 바이러스 검사 및 치료, 컴퓨터 최적화 기능
등을 지원하며, 예약 검사, 간편 검사, 정밀 검사 등의 기능을 제공한
다. 지속적인 업데이트를 통해 사용자 편의성을 개선했으며, 안티 루
트킷(숨겨진 악성 코드 방지) 기술을 적용해 다양한 악성코드를 검사/
치료할 수 있다. 또한, 하우리의 안티 스파이웨어 엔진과 안철수 연구소의 V3 엔진을 함께 구동해 사
용할 수 있는 특징을 지닌다.

웹 브라우저

인터넷망에서 정보를 검색하는 데 사용하는 응용 프로그램이다.

인터넷 익스플로러 (Internet Explore)

마이크로소프트사가 개발한 웹 브라우저로, 월드와이드웹(WWW)에
서 정보를 열람할 수 있게 해주는 검색용 프로그램이다. 1995년 8월
버전1.0을 시작으로 2015년 버전11까지 출시되어 사용되고 있다. 윈도우(Windows) 95 이상 버전에서
운용되며 HTML의 지원, 가상 현실을 체험할 수 있는 VRML의 지원, 동영상과 오디오 같은 멀티미디어
환경을 브라우저에 도입하는 액티브엑스(ActiveX) 기술의 지원, 비주얼 베이직 스크립트와 자바 스크
립트의 사용, 그 밖의 다양한 그래픽 지원과 다국어 지원 기능들을 제공한다.

크롬(Chrome)

구글(Google)에서 개발한 웹브라우저이다. 윈도우즈 계열, OS X 계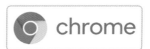
열, 리눅스 계열 등의 OS에서 모두 사용가능하며, 구글의 안드로이드

와 애플의 iOS 모두를 지원하여 어떠한 스마트폰에서도 같은 웹브라우저를 사용할 수 있다. 자바스크립트 가상 기계(Javascript virtual machine)를 지원하여 자바스크립트로 만든 웹브라우저에서 수행되는 앱들을 다운받아 사용할 수 있다. 위험한 사이트의 방문을 제어하고 악성코드를 다운받지 못하도록 하는 보안 기능이 포함되어 있으며, 다국어 번역 등의 기능이 내장되어 있다.

파이어폭스(Firefox)

모질라 재단에서 만든 웹브라우저로 2004년에 출시되었다. 탭 브라우징, 스마트 검색, 나만의 확장 기능 및 테마 등의 기능을 갖추고 있다.
속도가 빠르며 ActiveX를 지원하지 않기 때문에 보안과 사용자 프라이버시 보호에 뛰어나다는 장점을 가지고 있다. 그러나 이로 인해 인터넷 뱅킹, 인터넷 쇼핑 등에 제약이 발생할 수 있기 때문에 이를 보완하기 위해 인터넷 익스플로러의 렌더링 방식으로 전환할 수 있는 IE Tab 2, Coral IE Tab과 같은 부가 기능이 등장했다.

오페라(Opera)

1996년 노르웨이의 오페라소프트웨어사가 개발한 인터넷 웹브라우저다. 넷스케이프나 인터넷 익스플로러에 비해 크기가 작지만 속도는 빠른 웹브라우저로, 유럽과 아프리카를 중심으로 많이 사용되고 있다. 윈도와 매킨토시·리눅스 등 다양한 운영체제에서 활용이 가능하다. 디렉터리와 북마크 파일을 동시에 제공하며, 메뉴를 타일 형태나 계단식으로 겹쳐 보여주므로 여러 개의 웹사이트를 한 화면에서 보는 데 유용하다. 이전에 방문했던 사이트를 복원하도록 설정할 수 있고, 마우스와 키보드를 써서 줌과 단축키 등 다양한 기능들을 사용할 수 있다. 다른 html 헤더 및 텍스트를 위해 원하는 글꼴 및 색상을 선택할 수 있으며, 링크 표시를 완전히 제어할 수 있다. 또한 클릭과 로딩 완료, 로딩 실패 등을 소리로 알려줄 수도 있다. 리얼오디오나 쇼크웨이브 등과 같은 플러그인도 적용될 수 있으며, 자바 애플릿 지원도 가능하다.

문서작성, 스프레드시트, 발표 프로그램

각종 사무 문서작성 및 프리젠테이션을 위한 프로그램이다.

아래한글

개인용 컴퓨터에서 사용하는 워드프로세서 소프트웨어이다. 1989년에 버전1.0이 완성되어 1990년 판매를 시작하였다. 이후 DOS용 버전1.5, 2.0, 2.5, 3.0을 거쳐 1995년 이후 윈도용 아래한글 버전으로 계속 개선하여 왔다. DOS, Windows 이외에도 Linux, UNIX(X-Windows), OS/2, Macintosh 등 대부분의 개인용 컴퓨터 운영체제에서 작동하는 멀티 플랫폼 워드프로세서 프로그램이다.

엠에스워드 (Microsoft Word)

마이크로소프트에서 개발한 워드프로세서 소프트웨어이다. 1983년에 MS-DOS용으로 워드1이라는 버전으로, 1985년에는 매킨토시용으로, 1989년에 윈도우용으로 처음 개발되었다. 텍스트 편집, 그래픽 인터페이스, 문서 인용, 자료 삽입, 문서 오류 수정, 문서의 작성에서 편집·저장에 이르기까지 문서 작업과 관련된 각종 고급 기능을 갖추고 있다.

엑셀(Excel)

마이크로소프트사에서 개발한 표계산 소프트웨어이다. 1985년에 초기 버전을 개발한 뒤 업그레이드 버전이 주기적으로 출시되고 있다. 여러 가지 도표 형태의 양식에 계산, 표기되는 사무업무를 자동으로 하는 표 계산 기능부터 매크로, 그래픽, 데이터베이스 기능과 지도·차트 작성 등 통합 문서작성에 필요한 기능도 제공한다.

파워포인트(PowerPoint)

마이크로소프트 오피스 시스템에서 프레젠테이션을 도와주는 소프트웨어이다. 1987년에 Apple 매캔토시용으로 1.0버전을 시작으로 1990년에 처음으로 윈도우용이 도입되었고, 그 후 업그레이드 버전이 주기적으로 출시되고 있다. 파워포인트는 팀 구성원끼리 작업 영역을 공유하고 공동으로 작업할 수 있는 기능, 다른 사용자가 볼 수 없도록 전달·복사·인쇄하지 못하게 하는 기능, 효과적인 발표를 할 수 있도록 도와주는 그래픽·애니메이션·멀티미디어 기능 등 다양한 기능을 제공한다.

게임 프로그램

리그 오브 레전드

미국 라이엇 게임즈(Riot Games)에서 개발한 게임으로, 2009년 10월부터 서비스가 시작되었다. 10명이 5명씩 팀을 이루어 상대팀과 싸우는 대전게임으로, 사용자들이 직접 캐릭터를 선택해 상대방 진영을 초토화시키는 게임이다.

플레이어언노운즈 배틀그라운드
(PUBG: PlayerUnknown's Battlegrounds)

블루홀이 개발한 게임으로 2017년 세계 최대 PC 게임 플랫폼인 스팀에서 얼리 액세스로 출시되었다. 최대100명이 고립된 지역에서 탑승물, 무기 등을 활용해 최후의 1인(또는 1팀)이 되기 위해 싸우는 비디오 게임이다.

오버워치

미국 블리자드 엔터테인먼트가 2016년에 개발한 1인칭 슈팅게임으로, 각각 6명의 플레이어로 구성된 두 팀이 전투를 벌이면서 진행되는 게임이다.

서든어택

2005년에 넥슨지티가 개발한 온라인 1인칭 슈팅 게임이다. 아프리카에 있는 가상 국가에서 벌어지는 내전을 소재로 한 온라인 FPS 게임으로 기습공격을 뜻하는 게임 제목 '서든어택' 때문에 국내에서는 '서든'이라는 단어 자체가 이 게임을 명칭하는 용어가 되었다.

메이플스토리

2003년에 출시된 게임으로 위젯 스튜디오에서 제작하고 넥슨 코리아가 서비스하는 2D 사이드 스크롤 방식 온라인 게임이다. 매번 변화하는 유저들의 눈높이와 새로운 환경에 대처하기 위해 다양한 변화를 시도하고, 여러 장르의 미디어믹스를 통해 꾸준한 인기를 얻고 있다.

모바일 앱 개발자가 되는 길

모바일 앱 개발자란?

모바일 웹과 모바일 앱 등 모바일 기기에서 사용되는 프로그램을 개발하고 유지·관리·보수하는 자이다.

☑ **여기서 잠깐!** 　모바일 웹과 모바일 앱의 개념

- 모바일 웹은 폰트와 이미지, 터치아이콘, 플래시 등 데스크탑 브라우저에서 실행되는 기능을 스마트폰, 태블릿PC 등 모바일 기기에서도 구현 가능하도록 표현한 사이트이다.
- 모바일 앱은 스마트폰, 태블릿PC 등 모바일기기에서 실행되는 응용소프트웨어이다. 이용자는 원하는 앱을 마켓을 통해 모바일 기기에 다운받아 설치하여 이용한다.

모바일 앱 개발자가 하는 일

- Palm, Windows, iOS, Android, bada, symbian 등의 개발 툴을 활용하여 PDA, 스마트폰 등 모바일 기기에서 사용되는 프로그램을 개발한다.
- 새로운 애플리케이션 시스템 개발 혹은 기존 애플리케이션 시스템의 개선을 위한 업무분석 및 설계 업무에 참여한다.
- 애플리케이션의 성능을 검사하고 실행시간을 개선한다.
- 사용자와의 창구 역할을 수행한다.
- 회사에서 추천하는 방법론에 기초하여 고객의 요구사항을 수집·분석하고 문제점 및 대책을 확인·지원한다.
- 새로운 애플리케이션 시스템 개발이나 기존 애플리케이션 시스템의 개선을 위해 문제점을 찾고 개선한다.
- 개발된 애플리케이션 시스템에 필요한 사용자 교육, 장비, 하드웨어, 소프트웨어의 설치 또는 전환 작업을 주도한다.
- 소규모 개발의 경우 기획, 설계, 개발, 테스트 및 유지보수 작업 등을 담당한다.
- 회사 또는 개인의 의뢰를 받아 개발하기도 하며, 모바일 마켓에 등록하여 판매하기도 한다.

모바일 앱 개발과정

1. 팀 구성은 일반적으로 앱 기획자, 앱 개발자, 디자이너로 이루어진다.
2. 기획단계는 앱 개발 방식과 앱 형태를 기획하는 단계이다. 이 과정에서는 유사한 앱이 있는지, 앱과 어떤 차별성을 둘 것인지, 이 앱의 수요자는 누구로 설정할 것인지, 기술적인 장벽은 없는지, 상품화 한다면 시장성은 있는지, 시장에서 어느 정도 성공할 수 있을지 등을 검토한다.
3. 분석단계는 모바일기기의 기능, 요구조건, 제약사항 등을 분석하고, 개발할 앱의 목표 기능 등을 정 하는 단계이다.
4. 개발 및 검증 단계에서는 기획했던 앱을 개발하고 오류 여부를 검증하는 단계이다.

모바일 앱 개발자 준비방법

모바일 앱 개발자는 주로 앱 개발 전문업체 또는 게임회사 등 해당 앱 서비스를 제공하는 기업에서 근 무한다.

앱 개발을 하기 위해서는 그에 맞는 디바이스와 툴을 다룰 수 있어야 하고, 기본적으로 개발 언어에 대 한 이해가 필수적이다. 맥 운영체제의 경우, Objective C언어와 개발 툴인 Xcode(Mac용 개발프로그램) 을 능숙하게 다룰 수 있어야 한다. 일반적으로 Objective C언어는 컴퓨터 프로그래밍을 위한 C언어보 다는 쉬운 언어에 해당하므로, C언어에 능숙한 사람들은 좀 더 쉽게 배울 수 있다.

기본적으로 전산프로그래밍 능력과 그래픽 구현 능력을 갖추어야 하기 때문에 시각디자인학과, 응용 소프트웨어공학과, 게임공학과, 정보·통신공학과 등을 전공하거나 학원과 같은 관련 교육기관에서 앱 개발자 교육을 이수하는 것이 업무에 도움이 된다.

모바일콘텐츠를 개발하려면 먼저 기술력도 있어야 하지만 사람들이 궁금해 하는 상황을 정확하게 파 악할 수 있는 능력이 필요하고 이러한 능력에 기초하여 창의적인 발상으로 콘텐츠나 아이템을 선정하 는 것이 중요하다.

출처: 워크넷

소프트웨어 개발 관련 대학 및 학과

출처: 커리어넷

시스템공학과

지역	대학명	학과명
서울특별시	경희대학교(본교-서울캠퍼스)	사회기반시스템공학과
	국민대학교(본교)	건설시스템공학전공
	국민대학교(본교)	건설시스템공학부
	서울과학기술대학교(본교)	건설시스템공학과
	세종대학교(본교)	국방시스템공학과
	숭실사이버대학교	건설시스템공학과
	중앙대학교(서울캠퍼스)	에너지시스템공학부
	중앙대학교(서울캠퍼스)	사회기반시스템공학부
	한양대학교(서울캠퍼스)	응용시스템전공
인천광역시	인천대학교(본교)	도시시스템공학과
	인천대학교(본교)	융합시스템공학과
	인하대학교(본교)	사회기반시스템공학부
대전광역시	한남대학교(본교)	건설시스템공학과
	한밭대학교(본교)	융합건설시스템학과
대구광역시	경북대학교(본교)	융복합시스템공학부
경기도	대진대학교(본교)	건설시스템공학과
	아주대학교(본교)	융합시스템공학과
	아주대학교(본교)	건설시스템공학과
	안양대학교(안양캠퍼스)	디지털시스템공학과
	중앙대학교(안성캠퍼스)	에너지시스템공학부
강원도	강원대학교(삼척캠퍼스)	건설시스템공학과
	강원대학교(삼척캠퍼스)	사회기반시스템공학과
	상지대학교(본교)	건설시스템공학과
충청북도	한국교통대학교(본교)	에너지시스템공학과
충청남도	건양대학교(본교)	건설시스템공학과
	상명대학교(천안캠퍼스)	건설시스템공학과
전라북도	우석대학교(본교)	건설시스템공학과
	전북대학교(본교)	융합기술공학부(IT응용시스템공학전공)
경상북도	금오공과대학교(본교)	산업시스템공학전공
	대구대학교(경산캠퍼스)	건설시스템공학과

지역	대학명	학과명
경상북도	대구한의대학교(삼성캠퍼스)	응용시스템학과
	영남대학교(본교)	건설시스템공학과
경상남도	경상대학교	산업시스템공학전공
	경상대학교	산업시스템공학부

컴퓨터공학과

지역	대학명	학과명
서울특별시	건국대학교(서울캠퍼스)	컴퓨터공학과
	건국대학교(서울캠퍼스)	컴퓨터공학부
	경희대학교(본교-서울캠퍼스)	컴퓨터공학과
	경희사이버대학교	컴퓨터정보통신공학전공
	고려대학교(본교)	컴퓨터학과
	광운대학교(본교)	컴퓨터공학전공
	광운대학교(본교)	데이터사이언스전공
	광운대학교(본교)	컴퓨터정보공학부
	광운대학교(본교)	컴퓨터공학과
	국민대학교(본교)	컴퓨터공학전공
	덕성여자대학교(본교)	컴퓨터공학과
	덕성여자대학교(본교)	컴퓨터학과
	동국대학교(서울캠퍼스)	컴퓨터정보통신공학부 컴퓨터공학전공
	동국대학교(서울캠퍼스)	컴퓨터정보통신공학부 정보통신공학전공
	동국대학교(서울캠퍼스)	IT학부 컴퓨터공학전공
	동국대학교(서울캠퍼스)	컴퓨터공학과
	동덕여자대학교(본교)	컴퓨터학과
	삼육대학교(본교)	컴퓨터·메카트로닉스공학부
	삼육대학교(본교)	컴퓨터학부
	삼육대학교(본교)	IT융합공학과
	서강대학교(본교)	컴퓨터공학전공
	서경대학교(본교)	컴퓨터공학과
	서울과학기술대학교(본교)	컴퓨터공학과
	서울대학교	컴퓨터공학부
	서울디지털대학교	IT공학부(컴퓨터공학과)
	서울디지털대학교	컴퓨터공학과
	서울사이버대학교	컴퓨터공학과

지역	대학명	학과명
서울특별시	서울여자대학교(본교)	컴퓨터학과
	성공회대학교(본교)	컴퓨터공학과
	성공회대학교(본교)	IT융합자율학부
	성균관대학교(본교)	데이터사이언스융합전공
	성균관대학교(본교)	컴퓨터공학과
	성신여자대학교(본교)	컴퓨터공학과
	세종대학교(본교)	컴퓨터공학전공
	세종대학교(본교)	컴퓨터공학과
	숭실대학교(본교)	컴퓨터학부
	이화여자대학교(본교)	컴퓨터공학전공
	이화여자대학교(본교)	컴퓨터공학과
	중앙대학교(서울캠퍼스)	컴퓨터공학부(컴퓨터공학전공)
	한국열린사이버대학교	컴퓨터정보학과
	한국외국어대학교(본교)	컴퓨터공학과
	한성대학교(본교)	컴퓨터공학부
	한성대학교(본교)	지식서비스&컨설팅 연계전공
	한성대학교(본교)	IT융합공학부
	한성대학교(본교)	컴퓨터공학과
	한양대학교(서울캠퍼스)	컴퓨터전공
	한양사이버대학교	컴퓨터공학과
	홍익대학교(서울캠퍼스)	정보·컴퓨터공학부 컴퓨터공학전공
	홍익대학교(서울캠퍼스)	정보·컴퓨터공학부
부산광역시	경성대학교(본교)	컴퓨터공학과
	동명대학교(본교)	컴퓨터공학과
	동서대학교(본교)	컴퓨터&인터넷공학전공
	동서대학교(본교)	컴퓨터공학전공
	동서대학교(본교)	컴퓨터공학부
	동아대학교(승학캠퍼스)	컴퓨터공학과
	동아대학교(승학캠퍼스)	전기·전자·컴퓨터공학부 컴퓨터공학과
	동의대학교	산업ICT기술공학전공
	동의대학교	컴퓨터응용공학부
	동의대학교	컴퓨터공학전공
	동의대학교	컴퓨터공학과
	동의대학교	컴퓨터공학부
	부경대학교(본교)	컴퓨터공학과
	부산가톨릭대학교(본교)	컴퓨터공학과
	부산대학교	전기컴퓨터공학부 정보컴퓨터공학전공

지역	대학명	학과명
부산광역시	부산외국어대학교(본교)	컴퓨터공학과
	부산외국어대학교(본교)	동남아창의융합학부(언어처리창의융합전공)
	신라대학교(본교)	컴퓨터정보공학부
	신라대학교(본교)	컴퓨터공학과
	신라대학교(본교)	컴퓨터공학전공
	한국해양대학교(본교)	컴퓨터정보공학전공
	한국해양대학교(본교)	제어자동화공학부(IT융합전공)
인천광역시	안양대학교(강화캠퍼스)	컴퓨터학과
	인천대학교(본교)	컴퓨터공학부
	인하대학교(본교)	컴퓨터공학과
대전광역시	건양대학교(메디컬캠퍼스)	컴퓨터학과
	대전대학교(본교)	컴퓨터공학과
	목원대학교(본교)	융합컴퓨터·미디어학부
	배재대학교(본교)	컴퓨터공학과
	충남대학교(본교)	컴퓨터공학과
	충남대학교(본교)	컴퓨터전공
	충남대학교(본교)	컴퓨터융합학부
	한국과학기술원	전산학부
	한남대학교(본교)	컴퓨터통신무인기술학과
	한남대학교(본교)	컴퓨터공학과
	한밭대학교(본교)	컴퓨터공학과
대구광역시	경북대학교(본교)	컴퓨터학부
	경북대학교(본교)	컴퓨터정보학부 컴퓨터시스템공학전공
	계명대학교	컴퓨터공학전공
울산광역시	울산대학교(본교)	IT융합전공
	울산대학교(본교)	IT융합학부
광주광역시	광주대학교(본교)	컴퓨터공학과
	광주대학교(본교)	컴퓨터정보공학부 컴퓨터공학전공
	광주대학교(본교)	컴퓨터정보공학부 정보통신학전공
	송원대학교(본교)	컴퓨터정보학과
	조선대학교(본교)	컴퓨터공학과
	호남대학교	컴퓨터공학과
경기도	가천대학교(글로벌캠퍼스)	컴퓨터공학과
	가톨릭대학교(본교)	컴퓨터공학전공
	가톨릭대학교(본교)	컴퓨터정보공학부
	강남대학교(본교)	컴퓨터미디어정보공학부
	강남대학교(본교)	산업데이터사이언스학부

지역	대학명	학과명
경기도	경기대학교(본교)	컴퓨터공학부
	경동대학교(메트로폴캠퍼스)	컴퓨터공학과
	단국대학교(죽전캠퍼스)	응용컴퓨터공학과
	단국대학교(죽전캠퍼스)	컴퓨터학부
	대진대학교(본교)	컴퓨터공학전공
	명지대학교(자연캠퍼스)	컴퓨터공학과
	성결대학교(본교)	컴퓨터공학부
	성결대학교(본교)	컴퓨터공학과
	수원대학교(본교)	컴퓨터학부
	수원대학교(본교)	컴퓨터학
	수원대학교(본교)	컴퓨터학과
	신경대학교(본교)	컴퓨터학과
	신한대학교(동두천캠퍼스)	컴퓨터공학전공
	신한대학교(동두천캠퍼스)	IT융합공학부
	안양대학교(안양캠퍼스)	컴퓨터공학전공
	안양대학교(안양캠퍼스)	컴퓨터공학과
	용인대학교(본교)	컴퓨터정보학과
	평택대학교(본교)	컴퓨터학과
	한경대학교(본교)	컴퓨터공학과
	한국산업기술대학교(본교)	컴퓨터융합공학과
	한국산업기술대학교(본교)	컴퓨터공학부(컴퓨터공학전공)
	한국산업기술대학교(본교)	컴퓨터공학부
	한신대학교(본교)	컴퓨터공학전공
	한신대학교(본교)	컴퓨터공학부
	한양대학교(ERICA캠퍼스)	컴퓨터전공
	한양대학교(ERICA캠퍼스)	컴퓨터공학과
	협성대학교(본교)	컴퓨터공학과
강원도	가톨릭관동대학교(본교)	컴퓨터공학전공
	가톨릭관동대학교(본교)	컴퓨터학과
	가톨릭관동대학교(본교)	컴퓨터공학과
	강릉원주대학교(원주캠퍼스)	컴퓨터공학과
	강원대학교(삼척캠퍼스)	컴퓨터공학과
	강원대학교(삼척캠퍼스)	컴퓨터·미디어·산업공학부 컴퓨터공학전공
	강원대학교(본교)	컴퓨터전공
	강원대학교(본교)	컴퓨터학부
	강원대학교(본교)	컴퓨터정보통신공학전공
	경동대학교(본교)	컴퓨터응용학과

지역	대학명	학과명
강원도	경동대학교(본교)	컴퓨터공학과
	상지대학교(본교)	컴퓨터공학과
	상지대학교(본교)	컴퓨터정보공학부
	연세대학교(원주캠퍼스)	컴퓨터정보통신공학부
	연세대학교(원주캠퍼스)	컴퓨터공학전공
	한라대학교(본교)	컴퓨터공학과
	한림대학교(본교)	컴퓨터공학과
충청북도	건국대학교(GLOCAL캠퍼스)	컴퓨터공학전공
	건국대학교(GLOCAL캠퍼스)	컴퓨터공학과
	서원대학교(본교)	컴퓨터공학과
	세명대학교(본교)	컴퓨터학부
	유원대학교(본교)	IT융합학부
	유원대학교(본교)	스마트IT전공
	중원대학교(본교)	컴퓨터시스템공학과
	중원대학교(본교)	컴퓨터공학과
	청주대학교(본교)	소프트웨어융합학부
	청주대학교(본교)	컴퓨터정보공학과
	충북대학교(본교)	컴퓨터공학과
	한국교통대학교(본교)	컴퓨터공학전공
	한국교통대학교(본교)	컴퓨터정보기술공학부
	한국교통대학교(본교)	컴퓨터정보공학전공
	한국교통대학교(본교)	컴퓨터공학과
	한국교통대학교(본교)	컴퓨터정보공학과
충청남도	공주대학교(본교)	컴퓨터공학부
	공주대학교(본교)	컴퓨터공학전공
	나사렛대학교(본교)	IT융합학부
	상명대학교(천안캠퍼스)	컴퓨터시스템공학과
	상명대학교(천안캠퍼스)	컴퓨터공학과
	선문대학교(본교)	컴퓨터공학부
	선문대학교(본교)	컴퓨터공학과
	순천향대학교(본교)	컴퓨터공학과
	순천향대학교(본교)	사물인터넷학과
	중부대학교(본교)	컴퓨터학과
	청운대학교(본교)	컴퓨터공학과
	청운대학교(본교)	컴퓨터학과
	한국기술교육대학교(본교)	컴퓨터공학부
	한서대학교(본교)	컴퓨터공학과

지역	대학명	학과명
충청남도	한서대학교(본교)	항공컴퓨터전공
	한서대학교(본교)	컴퓨터정보공학과
	호서대학교	컴퓨터공학전공
	호서대학교	컴퓨터정보공학부
전라북도	군산대학교(본교)	컴퓨터정보통신공학부(컴퓨터정보공학전공)
	군산대학교(본교)	컴퓨터정보통신공학부(정보통신공학전공)
	군산대학교(본교)	컴퓨터정보공학과
	우석대학교(본교)	컴퓨터공학과
	원광대학교(본교)	컴퓨터공학과
	전북대학교(본교)	IT정보공학부(컴퓨터시스템공학전공)
	전북대학교(본교)	컴퓨터공학부
	전북대학교(본교)	컴퓨터공학부 컴퓨터공학전공
	전주대학교(본교)	컴퓨터공학과
	호원대학교(본교)	전자계산학과
	호원대학교(본교)	컴퓨터공학과
	호원대학교(본교)	컴퓨터학부
전라남도	동신대학교(본교)	컴퓨터학과
	목포대학교(본교)	컴퓨터공학과
	순천대학교(본교)	컴퓨터공학과
	전남대학교(여수캠퍼스)	전기·전자통신·컴퓨터공학부
	초당대학교(본교)	IT융합학부
경상북도	경운대학교(본교)	컴퓨터공학과
	경운대학교(본교)	항공컴퓨터학과
	경일대학교(본교)	컴퓨터공학과
	금오공과대학교(본교)	컴퓨터IT학과
	금오공과대학교(본교)	컴퓨터공학전공
	금오공과대학교(본교)	컴퓨터공학과
	대구가톨릭대학교(효성캠퍼스)	컴퓨터공학전공
	대구대학교(경산캠퍼스)	컴퓨터정보공학부
	대구대학교(경산캠퍼스)	컴퓨터정보공학부(컴퓨터공학전공)
	대구한의대학교(삼성캠퍼스)	스마트IT전공
	동국대학교(경주캠퍼스)	컴퓨터학전공
	동국대학교(경주캠퍼스)	컴퓨터공학전공
	동국대학교(경주캠퍼스)	컴퓨터공학과
	동양대학교(본교)	컴퓨터정보전학과
	동양대학교(본교)	컴퓨터학과
	동양대학교(본교)	컴퓨터공학부

지역	대학명	학과명
경상북도	동양대학교(본교)	컴퓨터학부
	안동대학교(본교)	컴퓨터공학과
	영남대학교(본교)	컴퓨터공학과
	포항공과대학교(본교)	컴퓨터공학과
경상남도	경남과학기술대학교(본교)	데이터융합학부(데이터사이언스전공)
	경남과학기술대학교(본교)	컴퓨터공학과
	경남대학교(본교)	컴퓨터공학과
	경남대학교(본교)	컴퓨터공학전공
	경남대학교(본교)	컴퓨터공학부
	영산대학교(양산캠퍼스)	컴퓨터공학전공
	영산대학교(양산캠퍼스)	컴퓨터공학과
	영산대학교(양산캠퍼스)	컴퓨터공학부
	인제대학교(본교)	컴퓨터응용과학부
	인제대학교(본교)	컴퓨터공학부
	인제대학교(본교)	헬스케어IT학과
	인제대학교(본교)	컴퓨터시뮬레이션학과
	창원대학교(본교)	컴퓨터공학과
제주특별자치도	제주국제대학교(본교)	컴퓨터응용공학과
	제주대학교(본교)	컴퓨터공학전공
세종특별자치시	고려대학교(세종캠퍼스)	컴퓨터정보학과
	홍익대학교(세종캠퍼스)	컴퓨터정보통신공학과

컴퓨터응용제어과

지역	대학명	학과명
인천광역시	인하공업전문대학	컴퓨터시스템과
	인하공업전문대학	컴퓨터시스템공학과
대구광역시	영진전문대학교	컴퓨터응용기계계열
	영진전문대학교	컴퓨터응용기계공학과
경기도	김포대학교	유비쿼터스IT과
	부천대학교	컴퓨터제어과
	유한대학교	컴퓨터제어과

소프트웨어공학과

지역	대학명	학과명
서울특별시	건국대학교(서울캠퍼스)	소프트웨어학과
	고려사이버대학교	소프트웨어공학과
	광운대학교(본교)	컴퓨터소프트웨어학과
	상명대학교(서울캠퍼스)	미디어소프트웨어학과
	서경대학교(본교)	소프트웨어학과
	서울디지털대학교	IT공학부(소프트웨어공학과)
	서울디지털대학교	소프트웨어공학과
	성공회대학교(본교)	소프트웨어공학과
	성균관대학교(본교)	소프트웨어학과
	성균관대학교(본교)	소프트웨어대학
	세종대학교(본교)	소프트웨어학과
	세종사이버대학교	컴퓨터소프트웨어학과
	중앙대학교(서울캠퍼스)	컴퓨터공학부(소프트웨어전공)
	한국성서대학교(본교)	컴퓨터소프트웨어학과
	한양대학교(서울캠퍼스)	컴퓨터소프트웨어학부
	한양사이버대학교	응용소프트웨어공학과
부산광역시	경성대학교(본교)	소프트웨어학과
	동서대학교(본교)	소프트웨어공학전공
	동의대학교	컴퓨터소프트웨어공학과
	동의대학교	컴퓨터소프트웨어공학전공
	부산가톨릭대학교(본교)	소프트웨어학과
	부산외국어대학교(본교)	컴퓨터소프트웨어학부
	부산외국어대학교(본교)	컴퓨터소프트웨어융합학부
	신라대학교(본교)	컴퓨터소프트웨어공학부
대전광역시	대전대학교(본교)	IT소프트웨어공학과
대구광역시	경북대학교(본교)	컴퓨터정보학부 컴퓨터소프트웨어전공
	경북대학교(본교)	컴퓨터학부 플랫폼소프트웨어전공
	경북대학교(본교)	컴퓨터학부(플랫폼소프트웨어전공, 데이터과학전공, 인간중심소프트웨어전공)
	경북대학교(본교)	컴퓨터학부(글로벌소프트웨어융합전공)
	경북대학교(본교)	소프트웨어학과
광주광역시	호남대학교	소프트웨어학과
	호남대학교	인터넷소프트웨어학과
경기도	가천대학교(글로벌캠퍼스)	소프트웨어학과

지역	대학명	학과명
경기도	단국대학교(죽전캠퍼스)	소프트웨어학과
	대진대학교(본교)	컴퓨터소프트웨어융합전공
	성결대학교(본교)	미디어소프트웨어학과
	성결대학교(본교)	미디어소프트웨어학부
	수원대학교(본교)	컴퓨터SW
	아주대학교(본교)	소프트웨어학과
	한국산업기술대학교(본교)	컴퓨터공학부(소프트웨어전공)
	한국항공대학교(본교)	소프트웨어학과
	한세대학교(본교)	전자소프트웨어학과
강원도	가톨릭관동대학교(본교)	소프트웨어학과
	강릉원주대학교(원주캠퍼스)	소프트웨어학과
충청북도	충북대학교(본교)	소프트웨어학과
	한국교통대학교(본교)	소프트웨어학과
충청남도	공주대학교(본교)	컴퓨터소프트웨어공학전공
	남서울대학교(본교)	컴퓨터소프트웨어학과
	상명대학교(천안캠퍼스)	컴퓨터소프트웨어공학과
	상명대학교(천안캠퍼스)	소프트웨어학과
	순천향대학교(본교)	컴퓨터소프트웨어공학과
	중부대학교(본교)	소프트웨어공학부
	호서대학교	컴퓨터소프트웨어학전공
전라북도	원광대학교(본교)	컴퓨터·소프트웨어계열
	원광대학교(본교)	컴퓨터·소프트웨어공학과
	전북대학교(본교)	소프트웨어공학과
전라남도	목포대학교(본교)	소프트웨어학과
경상북도	금오공과대학교(본교)	컴퓨터소프트웨어공학과
	금오공과대학교(본교)	소프트웨어공학전공
	대구대학교(경산캠퍼스)	컴퓨터정보공학부(컴퓨터소프트웨어전공)
	위덕대학교(본교)	소프트웨어공학과
경상남도	창신대학교(본교)	컴퓨터소프트웨어공학과

그밖에도

소프트웨어개발과, 응용소프트웨어공학과, 전자공학과, 공학교육과, 제어계측공학과, 정보통신공학과, 물리과학과, 수학과, 통계학과, 경영학과, 교육학과 등 다양한 관련 학과가 있다.

소프트웨어개발 체험 - 코딩

코딩이란?

주어진 명령을 C언어, 자바, 파이썬 등 컴퓨터가 이해할 수 있는 언어로 입력하여 프로그램을 만드는 것이다.

코딩을 체험해 봐요 - 코딩교구

비트브릭

헬로긱스에서 출시한 코딩교구로, 다양한 입출력 부품을 쉽고 간단하게 사용할 수 있는 모듈형 하드웨어 키트이다. 자신이 만들고 싶은 창작물을 스크래치로 코딩하여 비트브릭으로 구현할 수 있으며, 이러닝 사이트와 유튜브 등을 통해 비트브릭과 관련된 다양한 교육자료를 참고할 수 있다.

구성

메인보드 ×1 ‖ 밝기센서 ×1
버튼센서 ×1 ‖ 가변저항 ×1
거리센서 ×1 ‖ 소리센서 ×1
진동센서 ×1 ‖ 선따라가기센서 ×1
LED ×1

무선통신 동글 ×1 ‖ 무선통신 모듈 ×1

DC모터 ×2 ‖ 서보모터 ×2

소프트블록 ×1 ‖ 모터 혼 ×4
고정핀 ×17 ‖ 바퀴 ×2 ‖ 바닥 파츠 ×2
데이터케이블(25㎝ ×16, 50㎝ ×2)
USB케이블 ×1 ‖ 다용도 혼 ×1
십자드라이버 ×1 ‖ 배터리홀더 ×1
LED커버 ×1 ‖ 만화로 보는 비트브릭 ×1

출처: 헬로긱스

MODI (모디)

 럭스로보에서 출시한 코딩 교육용 스마트 모듈이다. 탈부착 가능한 자석 커넥터를 가진 모듈형 하드웨어로 구성되어 있으며, 블록 코딩으로 로봇을 만들며 재미있게 알고리즘을 배울 수 있다. 21개의 모듈을 개별 구매하거나, 12개 모듈로 구성된 Hello IoT Kit, 모든 모듈을 포함하고 있는 Expert Kit를 구매할 수 있다.

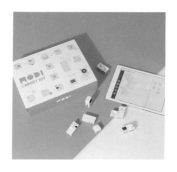

Expert Kit 구성

사용 인원	1~2인		대상 나이	9세~성인	
모듈(21개)	**SETUP** 네트워크 ×2, 배터리 ×2				
	INPUT 적외선 ×2, 마이크 ×1, 환경 ×1, 다이얼 ×1, 버튼 ×1, 자이로스코프 ×1, 초음파 ×1				
	OUTPUT 모터 컨트롤러 ×2, 모터 ×4, LED ×1, 스피커 ×1, 디스플레이 ×1				
액세서리(77개)	베이직 블록 ×4, 슈즈 블록 ×8, 와이어 어댑터 ×10, 와이어 ×20, 바퀴 ×4, 모터 혼 ×8, Micro-USB 케이블 ×2				

출처: MODI

엘리스

온라인 소셜코딩교육 플랫폼으로, 학습난이도별 커리큘럼으로 구성되어 있어 초등학교 고학년, 중등, 고등 이상으로 선택하여 배울 수 있다. 파이썬부터 딥러닝, 인공지능까지 초보도 가능한 실습형 코딩수업을 유·무료로 제공하고 있으며, 전문튜터와의 채팅으로 질문도 가능하다.

엘리스 웹사이트 홈화면

스쿨

초중고 맞춤 커리큘럼을 제공한다.

- 초등4~6학년 - 스크래치 입문 강좌, 마이크로 비트, 수료증 발급
- 중등1~3학년 - 스크래치 입문 강좌, 마이크로 비트, 모두를 위한
  프로그래밍, 수료증 발급
- 고등1학년 이상 - 도레미 파이썬, 문과생을 위한 머신러닝, 모두를 위한
  프로그래밍, 수포자를 위한 프로그래밍

아카데미

대학생, 취준생, 직장인까지 학습목적별로 다양한 과목을 배울 수 있다.

기관

디지털 혁신을 위한 맞춤교육과 학습관리 서비스를 이용할 수 있다.

출처: 엘리스

엔트리

누구나 무료로 소프트웨어 교육을 받을 수 있는 플랫폼으로, 학생들은 소프트웨어를 쉽고 재미있게 학습하고, 선생님들은 효과적으로 학생들을 가르칠 수 있다.

엔트리 웹사이트 홈화면

학습하기

엔트리를 학습할 수 있는 콘텐츠가 준비되어 있다.

게임을 하듯이 주어진 미션을 프로그래밍으로 해결하고 영상을 시청하며 소프트웨어 제작 원리를 학습할 수 있다.

만들기

미국 MIT에서 개발한 Scratch와 같은 블록형 프로그래밍 언어를 사용하여 프로그래밍을 처음 접하는 사람들도 쉽게 자신만의 창작물을 만들 수 있다.

또한 블록 코딩과 텍스트 코딩의 중간다리 역할을 하는 '엔트리파이선' 모드에서는 텍스트 언어의 구조와 문법을 자연스럽게 익힐 수 있다.

공유하기

엔트리를 통해 제작한 작품을 다른 사람들과 공유할 수 있다.

공동 창작도 가능하여 친구들과 협업해 작품을 만들어 볼 수 있다.

학급기능

선생님이 학급별로 학생들을 관리할 수 있는 기능이다. 학급끼리 학습하고 작품을 공유할 수 있으며 과제를 만들고 학생들의 결과물을 확인할 수 있다.

위즈랩

누구나 쉽게 게임을 만들며 코딩을 체험할 수 있는 소프트웨어 교육 서비스이다.

Learn

위즈랩 튜토리얼 - 방 탈출 게임 만들기

초보 위즈랩 회원을 위한 튜토리얼이다. 위즈랩으로 방 탈출 게임을 만들어보며 위즈랩 사용법을 익힐 수 있다.

위즈랩 웹사이트 홈화면

Play

다른 사용자들이 만든 게임을 직접 체험해 볼 수 있다.

Social

사용자들이 자유롭게 글을 올릴 수 있는 게시판 기능을 제공한다.

출처: 위즈랩

소프트웨어 관련 공모전 & 대회

한국코드페어

- 주최기관 : 과학기술정보통신부, 한국정보화진흥원
- 접수방법: 온라인 신청 (한국코드페어 홈페이지)

SW를 통한 착한 상상

삶의 주변 생활이나 사회현안 및 환경의 다양한 문제를
아이디어와 기술 융합을 통해 해결하는 공모전이다.

- 참가대상 : 초·중·고등학생 +지도교사

  *3인 이하의 팀/개인

  *타학교 학생 구성 및 재학생과 비재학생 팀 구성이 가능하다.

- 제출내용 : 참가신청서, 작품설명서, 참가자 사진 등

5월		6월		6월		10월
공모접수	→	서면심사	→	1차 전시	→	2차 전시

알고리즘 히어로즈

온라인 SW 강의와 문제를 제공하고 셀프레벨테스트인
온라인으로 레벨검증을 통해 자신만의 실력을 확인할 수 있
는 교육 프로그램이다.

- 참가대상 : 초·중·고등학생

  *SW강의 : 블록코딩, 텍스트 코딩 등 40여 개의 소프트웨어 교육 콘텐츠 제공

  *SW문제 : 실습이 가능한 소프트웨어 문제를 통해 자기학습 지원

5~6월	상시운영	6~7월	8~10월
참가신청	→ 온라인SW교육 및 SW문제	→ SW빌더스 챌린지 참가자 선발	→ 온라인 레벨검증

SW빌더스 챌린지

과제를 주고 제시된 주제에 따라 팀 협업을 통해 해결 방안을 모의하는 해커톤 프로그램이다.

- 참가대상 : 알고리즘 히어로즈 중고등부 참가자 (개인)
  - * 참가자 선발 이후 자율적인 팀 구성

6~7월	7~8월	8월	10월
참가자 선발	→ 팀 매칭	→ 온라인 아이디어톤	→ 해커톤

출처: 한국코드페어

주니어 소프트웨어 창작대회

2015년부터 시행되고 있으며, 매년 주제가 변경된다. 삼성전자 전문가들이 제안하는 SW 개발 과정을 대회에 참가하며 경험할 수 있다.

- 주최기관 : 삼성전자
- 참가대상 : 초등학교(4~6학년), 중·고등학교 학생 + 지도교사
  - * 3인 이하의 팀 / 개인
  - * 타 학교 학생 간 팀 구성이 가능하다.
  - * 지도교사는 팀원 중 최소 1명과 동일학교에 소속되어야 한다.
- 접수방법 : 온라인 접수 (홈페이지에서 팀장을 통해 예선 접수)

예선	디자인 씽킹 클래스	본선	부트워크/ 멘토링	결선/ 공감투표	시상
예선	→ 디자인 씽킹 클래스	→ 본선	→ 부트워크/ 멘토링	→ 결선/ 공감투표	→ 시상

• 시상내역

구분	초등부	중등부	고등부	부상
대상		1팀		팀 500만원 / 해외 유수대학 견학 소속 학교 3,000만원 상당 IT 디바이스 기부
최우수상	1팀	1팀	1팀	팀 300만원 / 해외 유수대학 견학 소속 학교 2,000만원 상당 IT 디바이스 기부
우수상	1팀	1팀	1팀	팀 100만원 / 해외 유수대학 견학 소속 학교 1,000만원 상당 IT 디바이스 기부
장려상	1팀	1팀	1팀	팀 100만원
공감상		1팀		팀 100만원
파이널리스트		19팀		개인별 갤럭시 버즈 플러스 제공

출처: 삼성 주니어 소프트웨어 창작대회

NYPC (Nexon Youth Programming Challenge)

2016년부터 시행되고 있는 대회로, 청소년들의 관심과 역량을 중진하면서 인재 양성을 목표로 하고 있다.

• 주최기관 : 넥슨

• 참가대상 : 12 ~ 19세 학생

• 접수방법 : 온라인 접수 (NYPC 홈페이지를 통해 접수)

예선대회 → 본선대회 → 시상

*예선대회 : 정해진 기간 동안 대회 사이트에서 문제 풀이
후 제출(파이썬, 자바, C#, C++, C 중 본인 선택)

*본선대회 : 본선 진출자들이 넥슨 판교 사옥에 모여 동일
한 PC환경에서 대회 사이트를 통해 문제 풀이

• 시상내역

[본선] NYPC1214부문 (12~14세)

구분	인원	시상	장학금	부상
대상	1명	문화체육관광부 장관상	300만원	노트북
금상	1명	한국콘텐츠진흥원 원장상	200만원	노트북
은상	1명	게임문화재단 이사장상	100만원	노트북
동상	1명	넥슨 대표이사상	50만원	노트북

[본선] NYPC 1519부문 (15~19세)

구분	인원	시상	장학금	부상
대상	1명	문화체육관광부 장관상	500만원	노트북
금상	1명	한국콘텐츠진흥원 원장상	300만원	노트북
은상	1명	게임문화재단 이사장상	200만원	노트북
동상	1명	넥슨 대표이사상	100만원	노트북

출처: NYPC

공개SW 개발자 대회

2007년부터 시행된 대회이다. 공개SW에 대한 기본적인
개념과 이해 GitHub 등 개발에 필수적인 요소의 강의를 제
공하며, 프로젝트 기획, 개발, 구현, 협업 등의 개발 경험과
기능테스트, 라이선스 검증을 통해 개발 공개SW 프로세스
전 과정을 경험할 수 있다.

• 주최기관 : 과학기술정보통신부

- 참가대상 : (학생부문) 초·중·고등학생, 대학(원)생

　　　　　　(일반부문) 일반인

　　　　* 팀/개인

- 접수방법 : 온라인 접수 (공개SW 홈페이지에서 접수

　　　　　및 개발계획서 제출)

참가신청		출품작 개발		출품작 제출
온라인 신청	→	개발지원 프로그램	→	최종 산출물

오리엔테이션　　　　온라인 교육
대회 가이드 제공　　선수과정, 개발과정

	출품작 심사		수상작 선정		시상식
→	산출물 평가 (결과보고서, 소스코드, 시연동영상)	→	수상작 선정	→	12월 SW주간

1차 심사　　멘토링　　출품작 검증　　2차 심사
서면 평가　　품질 향상　　기능테스트　　발표 평가
　　　　　　　　　　라이선스 검증

- 시상내역

구분		팀수	상금
대상	과기부 장관상(학생1, 일반1)	2	각 700만원
금상	NIPA 원장상(학생1, 일반1)	2	각 300만원
은상	NIPA 원장상(학생2, 일반2)	4	각 200만원
업그레이드	NIPA 원장상(학생/일반)	1	총 300만원
동상	*후원기업상(학생/일반)	11	각 200만원
특별상	조직위원장상(학생)	2	현물
합계	22	5,300만원	

출처 : 공개SW포털

소프트웨어 관련 도서 및 영화

소프트웨어 관련 영화

소셜 네트워크

마크 주커버그가 페이스북을 만들게 되는 과정을 그린 영화이다.

2003년 가을, 하버드대의 컴퓨터 천재 '마크'는 비밀 엘리트 클럽의 윈클보스 형제에게 하버드 선남선녀들만 교류할 수 있는 '하버드 커넥션' 사이트 제작을 의뢰 받는다. 하지만 여기서 획기적인 아이디어를 생각해낸 '마크'는 인맥 교류 사이트 '페이스북'을 개발, 절친 '왈도'의 도움으로 사이트를 오픈한다. '페이스북'은 순식간에 모두의 마음을 사로잡고, 유명한 냅스터의 창시자 '숀'의 참여로 전세계로 번지면서 '마크'는 기업가치 58조원, 전세계 최연소 억만장자가 된다. 하지만 그 순간 윈클보스 형제는 물론 '왈도'마저 전대미문의 소송을 제기하면서 하버드 천재들 간의 치열한 아이디어 전쟁이 시작된다.

이미테이션 게임

24시간 마다 바뀌는 해독불가 암호 암호를 풀고 1,400 만 명의 목숨을 구한 천재 수학자에 대한 영화이다.

매 순간 3명이 죽는 사상 최악의 위기에 처한 제 2차 세계대전에서 24시간 마다 바뀌는 해독이 불가능한 암호 '에니그마'로 인해 연합군은 속수무책으로 당하게 된다. 결국 각 분야의 수재들을 모아 기밀 프로젝트 암호 해독팀을 가동한다. 천재 수학자 앨런 튜링(베네딕트 컴버배치)은 암호 해독을 위한 특별한 기계를 발명하고 우여곡절 끝에 애니그마 해독을 성공시킨다.

디버그 : 슈퍼컴퓨터 vs 천재 해커

우주선 '오르쿠스'호의 탑승객들이 갑자기 모두 실종된다. 사건의 진상 파악을 위해 범죄관리부에서는 수감 중인 범죄자들 중 공공 기관, 대기업 등을 해킹해 수감된 악질 천재 해커들을 모아 파견한다. 실종 사건의 조사를 위해 네트워크 점검과 필요한 데이터 백업을 하던 중 해커들은 이 우주선의 모든 것을 컨트롤하는 슈퍼컴퓨터가 사람들을 공격했다는 충격적인 진실을 알게 된다. 팀원들은 사건을 은폐하려는 슈퍼컴퓨터의 무차별 공격에 맞서 치밀한 두뇌전쟁을 시작한다.

트랜센던스

인류가 수억 년에 걸쳐 이룬 지적능력을 초월하고 자각능력까지 가진 슈퍼컴 '트랜센던스'의 완성을 목전에 둔 천재 과학자 윌은 기술의 발전은 인류의 멸망이라 주장하는 반과학단체 'RIFT'의 공격을 당해 목숨을 잃는다. 연인 에블린은 윌의 뇌를 컴퓨터에 업로드 시켜 그를 살리는데 성공하지만, 또 다른 힘을 얻은 그는 온라인에 접속해 자신의 영역을 전 세계로 넓혀가기 시작한다.

소프트웨어 관련 도서

디지털 포트리스

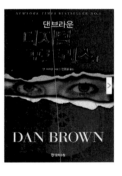

국가 안보와 테러 방지를 위해 감청과 암호화된 메시지를 해석하는 미국 국가안보국(NSA)과 개인의 사생활 보호를 주장하는 프로그래머 사이의 두뇌싸움을 그린 2권의 소설이다. NSA의 암호해독 컴퓨터를 무력화시킨 '디지털 포트리스'의 패스키를 풀어나가는 과정이 정교하게 펼쳐진다.

미래를 바꾼 아홉 가지 알고리즘

오늘날 우리는 궁금한 것이 있으면 인터넷 검색엔진에 검색어를 입력하고, 필요한 물건이 있으면 인터넷 쇼핑몰에서 구입한다. 이를 가능케 한 아홉 가지 위대한 알고리즘 이면의 기본적 아이디어를 다양한 비유와 예를 활용해 쉽고 정확하게 설명한다. 아홉 가지 알고리즘에 관한 설명에서 검색엔진, 데이터 압축, 암호화, 오류 정정, 패턴 인식 등 우리가 매일 이용하는 컴퓨터 기술의 이론적 아이디어를 흥미진진하게 이해할 수 있다.

우리에게 IT란 무엇인가?

지난 20세기에 범한 잘못이 전 세계적인 식량 부족을 불러왔고, NASA도 해체되었다. 이때 시공간에 불가사의한 틈이 열리고, 남은 자들에게는 이곳을 탐험해 인류를 구해야 하는 임무가 지워진다. 사랑하는 가족들을 뒤로한 채 인류라는 더 큰 가족을 위해, 그들은 희망을 찾아 우주로 간다.

프로그래머로 사는 법

소프트웨어 프로그래머로 취업하여 경력을 시작하는 방법부터 창업에 이르기까지의 단계별 경력을 집약한 책이다. IBM에서 20여 년간 프로그래머로 일하며, 수많은 기업과 대학에서 소프트웨어 엔지니어 양성에 힘써 온 샘 라이트스톤의 학술적 소산으로, 경력관리가 필요한 프로그래머들에게 유용한 정보가 담겨 있다. 소프트웨어 분야에서 경력을 쌓기 위해 필요한 기본 구성 요소를 비롯하여 압박 하에서 제대로 일하는 방법, 전문가로서 정점에 도달하여 대가가 되는데 필요한 경험을 생생한 언어로 일깨운다. 또한, 업체 중역, 연구자, 업계 리더 등 다양한 인물을 대상으로 선정한 인터뷰를 수록하여 유능한 프로그래머 리더의 표본을 보여주고 있다.

세상을 바꾸는 소프트웨어개발자

빌 게이츠 (Bill Gates, William Henry Gates III)

'마이크로소프트사의 설립자이자 윈도우즈(Windows) 시리즈의 개발자'

본명은 윌리엄 헨리 게이츠 3세(William Henry Gates III)이며, 1955년 미국 워싱턴주 시애틀에서 출생했다. 1967년 레이크사이드스쿨(Lakeside School)에 입학하면서부터 컴퓨터를 접하게 되었고, 이곳에서 마이크로소프트사의 공동 창업자인 폴 앨런(Paul Allen)을 만났다. 이후 1973년 하버드대학교 법학과에 입학하였다가 수학과로 전과하였다.

1974년 폴 앨런과 함께 다트머스대학교에서 개발한 컴퓨터 프로그래밍 언어 베이직(BASIC)에서 아이디어를 얻어 소형 컴퓨터에 쓰일 새로운 버전(Altair Basic)을 개발하였다. 1975년 대학을 중퇴하고 뉴멕시코주 앨버커키에서 마이크로소프트사를 설립한 후, 1981년 당시 세계 최대의 컴퓨터 회사인 IBM사로부터 퍼스널컴퓨터에 사용할 운영체제 프로그램 개발을 의뢰받은 것을 계기로 지금의 기틀을 마련하게 되었다.

1995년 8월 '윈도 95'를 출시함으로써 퍼스널컴퓨터(PC) 운영체제의 큰 변화를 가져왔으며, 이는 발매 4일 만에 전 세계적으로 100만 개 이상의 판매실적을 올리는 대기록을 세웠다. PC의 급속한 확산과 더불어 세계 컴퓨터 시장의 주도권을 장악하면서 엄청난 부를 쌓아 《포브스 Forbes》지에서 선정하는 세계 억만장자 순위에서 13년 연속 1위를 차지하였고, 2009년에도 1위에 올랐다. 2008년 6월 27일 자선활동에 전념하기 위하여 33년간 이끌던 마이크로소프트사의 경영에서 손을 떼고 공식 은퇴하였다.

안철수

'한국의 백신프로그램 개발자'

경상남도에서 2남 1녀 중 장남으로 출생했다. 학창 시절에 눈에 띄게 무언가를 잘하는 학생은 아니었지만, 학교 도서관의 책을 거의 다 읽을 정도로 독서를 매우 좋아했다. 고등학교 3학년 때 본격적으로 공부하기 시작하면서 1등을 차지하고 1980년에 서울대 의대에 입학했다. 1982년 가을에 처음으로 컴퓨터를 접하면서 컴퓨터에 흥미를 갖게 되었고, 의사로서 전공실험에 도움을 받고자 컴퓨터 공부를 시작하였다. 1986년 서울대학교 의과대학을 졸업했고, 이후 서울대학교 대학원 의학과 생리학 교실에서 기초의학을 전공하며 석사 및 박사학위를 취득하였다.

의대 대학원에서 박사과정을 밟고 있던 중 처음으로 컴퓨터 바이러스를 발견했다. 소프트웨어 전문 잡지 마이크로소프트웨어에 실린 컴퓨터 바이러스 관련 기사를 보고, 자신의 컴퓨터와 디스켓을 확인해보았고, 바이러스에 감염된 몇 장의 디스켓을 발견하게 되었다. 파키스탄에서 시작된 이 바이러스는 당시 컴퓨터 바이러스에 대한 개념이 없었던 한국에 많은 혼란을 주었다. 이를 해결하기 위해 안철수는 자신이 직접 백신 프로그램을 만들기 시작했고, 1988년 6월 10일 바이러스가 감염된 과정을 반대로 하면 치료할 수 있겠다는 생각 하에 '백신'(Vaccine)이란 이름의 안티바이러스 프로그램을 만들어 치료에 성공했다. 이것이 V3 최초 버전인 V1이다.

이후 바이러스가 나올 때마다 혼자서 만든 백신을 무료로 배포하며, 당시 악명을 떨친 LBC, 예루살렘 바이러스 등을 치료하는 기능이 추가된 'V2', 'V2Plus' 등을 차례로 발표하였고, 1991년에는 미켈란젤로 바이러스의 치료를 위해 V3를 만들었다.

7년 동안 외사생활과 함께 백신개발을 하다가 의사생활을 포기하고 백신제작에 전력을 기울이기 시작하면서 1995년에 '안철수연구소'를 창업하였고, V3+ 네오, V3 라이트 등 여러 백신 프로그램을 개발하였다.

회사를 세우고 몇 개월 지난 뒤 미국으로 유학을 떠나 1995년부터 1997년까지 미국 펜실베이니아 대학교에서 공학 석사 과정을 공부하였다. 2005년에는 안철수연구소의 대표이사직을 사임했고 대신 이사회 의장 자리를 맡았다. 이후 미국 스탠퍼드 대학교 벤처 비즈니스 과정을 거쳐 펜실베이니아 대학교 샌프란시스코 캠퍼스에서 MBA (최고 경영자 교실) 2년 과정을 밟았고, 대학교수 및 포스코 사외이사 등 다양한 분야로 활동을 넓혀나갔다.

마크 저커버그 (Mark Elliot Zuckerberg)

'페이스북의 공동설립자이자 최고경영자'

1984년 미국 뉴욕 주 화이트플레인스에서 출생했다. 치과의사인 아버지와 정신과 의사인 어머니와 세 명의 여자형제와 함께 자랐다. 유대계 미국인으로 어릴 적부터 유대인식 교육을 받았다. 어려서부터 컴퓨터에 뛰어난 재능을 보여, 10세 때 방안에서 눈싸움을 할 수 있는 비디오 게임을 만들고, 12세 때 병원의 컴퓨터에 환자 도착을 알리는 프로그램을 개발하였다. 고등학교 재학 중 인공지능을 이용해 사용자의 음악 감상 습관을 학습하도록 하는 '시냅스 미디어 플레이어' 라는 소프트웨어를 만들었다. 이를 계기로 마이크로소프트의 입사 제의를 받았지만 거절하고, 2002년에 하버드 대학에 입학하였다.

대학교에서 수강신청과목을 공개하는 사이트를 만들어, 과목명을 클릭하면 누가 그 수업을 듣는지, 다른 과목은 뭘 선택했는지 알 수 있도록 하였다. 또한 '페이스매시(Face mash)'라는 하버드 여학생들의 얼굴을 비교하는 사이트를 만들기도 하였다. 2004년 '페이스매시(Face mash)'의 서비스를 개편하여, 크리스 휴즈와 함께 자신의 동문을 관리하는 프로그램을 만들고 '더 페이스북(The FaceBook)'으로 명칭을 변경하였다. 그 후 2005년에 명칭을 '페이스북'으로 변경하고, 점차 전국대학교, 고등학생 순으로 서비스 영역을 확장하여 전 세계적인 소셜네트워크 서비스로 확대하였다. 그는 CEO가 되었고, 하버드를 중퇴하였으며, 페이스북의 급격한 성장으로 인해 2012년에는 《포브스 Forbes》지에서 선정하는 세계 억만장자 순위에서 785위에 오르게 되었다.

존 카맥(John Carmack)

'둠(Doom)과 퀘이크(Quake)의 개발자'

1970년에 출생했고, 어린 시절 영재라는 소리를 들을 정도로 머리가 뛰어나서인지 주변사람들과 잘 어울리지 못하였다. 초등학교 고학년 때 애플 2를 접하면서 자신의 진로를 프로그래머로 결정하였고, 11살 때 '울티마(Ultima)' 게임 프로그램을 해킹해 능력치를 변환시키는 등 프로그래머로서 뛰어난 능력을 보였다. 그러나 부모의 반대로 인해 개인용 컴퓨터를 갖지 못하자, 사제폭탄을 만들어 컴퓨터가게 문을 부수고 컴퓨터를 훔치다가 적발되어 1년간 소년원 생활을 지내게 되었다.

이후 컴퓨터 교육의 선두 주자였던 샤니 미션 이스트 고등학교를 거쳐 미주리 캔자스 대학교에 진학하였으나, 큰 도움이 되지 않는 대학 수업과 답답한 시스템에 염증을 느끼고, 2학년 때 대학을 자퇴하고 프리랜서로 일하기 시작하였다. 그러던 중 잡지용 부록 게임 제공 회사인 소프트디스크에 들어가게 되었고, 그곳에서 존 로메로를 비롯한 훗날 이드 소프트웨어 창립자들(아드리안 카맥, 케빈 클라우드, 톰 홀 등)을 만났다. 이들과 함께 '데인저러스 데이브(Dangerouse Dave)'같은 수많은 PC게임을 만들고, 닌텐도의 '슈퍼마리오 브라더스3(Super Mario Bros 3)'를 컴퓨터로 컨버전하기도 하였다. 이후 그들은 협력관계에 있던 어포지사(현재 3D렐름)의 CEO인 스콧밀러의 제안으로, 1991년에 PC게임 전문 개발사인 이드 소프트웨어를 설립했다. 존 카맥은 자신의 동료들과 함께 '커맨더 킨(Commander Keen)', '호버탱크(HoverTank)', '울펜슈타인 3D(Wolfenstein 3D)'를 개발하여 FPS라는 장르를 확실히 정립시켰으며, 1993년에 발매된 '둠(DOOM)'과 1996년 발매된 '퀘이크(Quake)'를 통해 게임업계에서 큰 성공을 거두었다. 이후에도 그는 각종 모바일 RPG와 게임 엔진 등을 제작하다가 2009년 이드소프트웨어를 제니맥스에 매각하고, 2013년에는 이드 소프트웨어를 떠나 가상현실기기 '오큘러스 리프트'를 제작하는 오큘러스VR의 최고기술경영자(CTO)로 적을 옮겨 활동하고 있다.

리누스 토발즈

'리눅스 커널의 첫 번째 버전을 개발하고 소스 코드를 공개한 개발자'

1969년 핀란드의 헬싱키에서 출생했다. 1981년, 통계학 교수인 외할아버지가 코모도어(Commodore) VIC-20 컴퓨터를 구매하면서 컴퓨터에 관심을 갖게 되었다. 1988년 헬싱키 대학교에 입학한 후, 어셈블리어 수준의 프로그래밍 언어를 깊이 연구하거나 문서 편집기나 게임 등의 응용 프로그램을 만들며, 다양한 분야에서 자신의 재능을 개발하였다.

그러던 중 앤드류 타넨바움(Andrew S. Tanenbaum)이 개발한 유닉스(UNIX) 기반의 운영체제인 미닉스(MINIX)를 접하게 되었고, 교육용으로 활용되는 미닉스를 자신이 보유하고 있던 인텔90386 기반의 IBM 호환 PC에서도 활용하고자 하였다. 이를 계기로 그는 미닉스를 참고한 새로운 운영체제를 개발했고, 1991년 8월에 이를 자신이 활동하던 유즈넷의 뉴스 그룹 네트워크에 처음 공개했다. 그가 공개한 리눅스 커널(kernel, 핵심 구성 요소)의 첫 번째 버전(0.01)을 보고 흥미를 느낀 개발자들이 이 프로젝트에 참가하면서 리눅스의 성능과 기능이 급격히 향상되기 시작했다. 그러면서 소프트웨어의 소스 코드를 무료로 공개하는 '오픈 소스(open source) 확산 운동'을 주도하던 '리처드 스톨먼(Richard Matthew Stallman)'이 설립한 '자유소프트웨어재단(FSF, Free Software Foundation)'의 주목을 받았고, 그들이 추진하는 GNU(GNU's Not Unix) 프로젝트의 핵심 중 하나로 부상하게 된다. 이로 인해 전 세계 개발자들이 자유롭게 리눅스의 개발에 참여할 수 있는 토대가 마련되었고, 1994년 3월, 마침내 첫 번째 완성 버전인 리눅스 커널 1.0.0이 공개되었다.

이후 그는 1996년에 대학을 졸업하고, 미국의 반도체 회사인 트랜스메타(Transmeta)에 취업해 1997년부터 2003년까지 개발자로 일하였고, 2003년 이후로는 리눅스 재단의 산하에서 리눅스의 개발 및 표준 규정을 주도하는 단체인 OSDL(Open Source Development Labs, 오픈 소스 개발 연구소)로 자리를 옮겼다.

생생 인터뷰 후기

제 어린 시절 꿈은 "축구선수"였습니다. 잦은 부상과 부모님의 반대로 인해 어쩔 수없이 축구선수라는 꿈을 포기할 수밖에 없었습니다. 그 후에는 내가 무엇을 잘하는지, 무엇을 좋아하는지 모른 체 긴 방황의 시기를 보냈습니다.

▶ 진로 강의 중_필자

제가 하고 싶은 것이 다시 생겼을 때는 그로부터 13년이 지난 후였습니다. 제가 원하는 꿈을 찾는데 무려 10년이 넘는 시간이 걸렸습니다. 그리고 저와 같이 긴 시간을 방황하지 않았으면 하는 바람을 담아 지금은 진로 교육에 몸담고 있으며, 기회가 되어 이 책을 집필하게 되었습니다.

요즘 강의를 통해 학생들과 다양한 분들을 만나다보면 컴퓨터, 핸드폰, 게임 등 소프트웨어와 관련된 분야에 관심이 많으십니다. 오늘날 미래인재의 핵심역량으로 컴퓨팅 사고력이 요구되고 있으며 앞으로 살아갈 사회는 소프트웨어 분야와 접목된 디지털산업이 확장될 것입니다. 4차 산업혁명의 시대에 많은 청소년들이 소프트웨어 분야로 진로를 정하고, 도전해보고 싶어 하지만 처음에 접근하기가 어려워 쉽사리 포기하는 분들이 많이 있습니다.

제가 만나본 소프트웨어개발자 분들도 역시 소프트웨어 분야의 관심에서부터 시작했는데 개발자가 된 분들의 공통점이 한 가지 있었습니다.

그것은 바로 'DO' 실행했다는 점입니다.

이 책에 소개된 7명의 개발자 분들의 절반은 청소년기부터 컴퓨터공학에 대한 관심을 가지고 그 꿈을 찾아 실행했고, 나머지 절반은 뒤늦게 그 꿈을 만나게 되었지만 망설이지 않고 바로 실행으로 옮겼다는 점입니다. 그리고 지금은 다양한 분야에서 소프트웨어개발자로서 한 획을 긋고 있습니다.

이 책에는 소프트웨어개발자 7명의 다양한 삶, 여러 가지 경험, 각양각색의 이야기를 담고 있습니다. 소프트웨어개발자를 꿈꾸는 여러분에게 이 책이 꼭 도움이 되길 바라며 포기하지 말고 바로 시작하시길 바라겠습니다.

언제나 여러분의 꿈을 응원합니다.